Mann · Strategiebasiertes Rechtschreiblernen

Christine Mann

Strategiebasiertes Rechtschreiblernen

Selbstbestimmter Orthografieunterricht
von Klasse 1–9

Beltz Verlag · Weinheim und Basel

Dr. *Christine Mann* war Grund- und Hauptschullehrerin und unterrichtete fünf Jahre lang an verschiedenen Grundschulen. Nach einem Studium der Psychologie und einigen Jahren im Schulpsychologischen Dienst in Rheinland-Pfalz wechselte sie an den Fachbereich Erziehungswissenschaft der Universität Göttingen. Dort entwickelte sie 1981 bis 1985 in einem Forschungsprojekt unter Prof. Wolfgang Eichler zusammen mit 16 Grundschullehrer/innen die Grundlage für die hier vorgestellte Konzeption des Rechtschreibunterrichts. Seit 1986 arbeitet sie als frei praktizierende Schulpsychologin und Ausbilderin von Legasthenie-Therapeutinnen und -therapeuten. Sie wirkte an mehreren Sprachbüchern für den Deutschunterricht mit und ist in der Lehrerfortbildung tätig.

Lektorat: Jürgen Hahnemann

www.beltz.de
Herstellung: Uta Euler
Satz: Druckhaus »Thomas Müntzer«, Bad Langensalza
Druck: Druck Partner Rübelmann, Hemsbach
Umschlaggestaltung: glas AG, Seeheim-Jugenheim
Umschlagabbildung: © Human Touch Photography
Printed in Germany

ISBN 978-3-407-62695-0

Inhalt

Vorwort

Forschungen in der Linguistik haben in den letzten dreißig Jahren zu einem vertieften Verständnis der Schriftsprache und unseres orthografischen Systems geführt. Gleichzeitig hat sich in der Psychologie eine sehr viel stärker handlungsorientierte Sicht von Lernprozessen durchgesetzt. Beides zusammen hat deutliche Auswirkungen auf die Didaktik des Rechtschreibunterrichts und macht es möglich, in diesem wesentliche Elemente eines Unterrichts zu verwirklichen, der den heutigen Anforderungen an Schule entspricht, nämlich *Individualisierung*, gezieltes *selbstbestimmtes Lernen* der Schülerinnen und Schüler und Erfahrungen der *Selbstwirksamkeit* im Lernen.

Die Ursprünge der hier vorgestellten Methode liegen in einem Forschungsprojekt unter der Anleitung von Prof. Wolfgang Eichler an der Universität Göttingen, das in Zusammenarbeit mit 16 Lehrkräften des ersten und zweiten Schuljahres erreichen wollte, dass kein Kind in ihren Klassen eine Lese-Rechtschreib-Schwäche entwickelt. Lerntheoretische Grundlage für das Projekt war die *Aneignungstheorie*: Der Lernende eignet sich den Stoff aktiv an. Er verknüpft dabei viele einzelne Handlungen zu komplexen Handlungseinheiten, die durch Automatisierung und Verkürzung schließlich zu einer reibungslos ablaufenden neuen Handlung werden, die wiederum die Grundlage für neue, übergeordnete Handlungseinheiten bildet. Weitere Grundlage für die Arbeit waren die Forschungen von C. L. Naumann (1987) über das orthografische System unserer Schriftsprache und die Zusammenhänge zwischen Phonemen und Graphemen.

Aus diesem Projekt und der nachfolgenden Weiterarbeit im Rahmen von Lehrerfortbildungen, Sprachbucharbeit und der Arbeit mit Legasthenie-Therapeuten entstand eine Konzeption des Rechtschreibunterrichts, nach der die Schülerinnen und Schüler *schrittweise in aufeinander aufbauenden Strategien* in die Rechtschreibung eingeführt werden. Den Kindern wird dabei eine klare Orientierung über unser orthografisches System gegeben. Damit wird das, was den Schülerinnen und Schülern im Rechtschreibunterricht abverlangt wird, für sie durchschaubarer und ist weniger angstbesetzt.

Dieses Konzept des Rechtschreiblernens, das bereits in der ersten Klasse beginnt und in der Sekundarstufe nicht aufhört, wird in diesem Buch systematisch dargestellt. Meine große Hoffnung ist, dass dadurch die als unlogisch empfundene Rechtschreibung ihre Schrecken verliert und von Lehrer/innen und Schüler/innen leichter zu erlernen ist.

Christine Mann

1. Vorüberlegungen

1.1 Das Wesen unserer Buchstabenschrift und korrespondierende Schreibstrategien

Das Fundament unserer Buchstabenschrift ist das Lautschriftprinzip, das heißt, der kompetente Leser kann Wörter, die er das erste Mal geschrieben sieht, aus der Buchstabenfolge in eine Lautfolge übersetzen und ihren Sinn erschließen. Umgekehrt wird ein kompetenter Schreiber, der zum Beispiel das Kunstwort /fɛmtə/ zu Papier bringen soll, dieses Wort niemals mit dem Buchstaben *g* beginnen. Das heißt, der Klang eines Wortes bestimmt, mit welchen Buchstaben das Wort dargestellt werden kann.

Allerdings zeigt das Beispiel des Kunstwortes /fɛmtə/ auch gleich die Einschränkungen des Lautschriftprinzips. Man kann zwar sicher sagen, dass dieses Wort weder mit *g* noch mit *b* oder *s* beginnt, aber es gibt immer noch drei oder, je nach Mundart, sogar vier mögliche Anfänge für dieses Wort, nämlich *f*, *v*, *ph* und eventuell *pf*. Ähnlich uneindeutig sind auch die Darstellungsmöglichkeiten der nächsten Laute, sodass zum Beispiel folgende Schreibweisen für dieses Wort möglich wären: *Femte, femmte, fämmte, Vämte, Phämte, pfämmte, femte …*

Diese Variabilität kann ausgesprochen reizvoll sein. Man kann geradezu einen Sport daraus machen, die Wörter so verfremdet wie möglich zu schreiben: *Liber Anndreh! Bitte kaove hoite: ain Chiehloh Abvällsiehnän, eynä Phlasche Öhl, vümpf Schaibm gäckochtänn Chinnken …* Es soll sogar Zeiten gegeben haben, in denen sich schreibende Mönche bemüht haben, ein Wort, das mehrmals im Text vorkam, jedes Mal anders zu schreiben, damit das Lesen interessanter wird.

Heutzutage aber ist ein freier Umgang mit dieser Variabilität unserer Lautschrift verpönt. Gefordert wird, dass jedes Wort von allen Menschen in jeder Situation genau gleich geschrieben wird. Dieses Phänomen nennt man Rechtschreibung. Ihr ursprünglicher Sinn wird beim Lesen des obigen Einkaufszettels sofort deutlich: Um Schreibungen wie *Abvällsiehnän* oder *Chinnken* zu entziffern, braucht man deutlich länger als bei der üblichen Schreibung, denn man muss die Buchstabenfolge erst in eine Lautfolge übersetzen, um den Sinn zu verstehen, und eventuell sogar, wie beim *Ch*, erst verschiedene Lautvarianten ausprobieren. Bei *Apfelsinen* hingegen weiß zumindest der kompetente Leser sofort, was gemeint ist, und kann diesen Inhalt dann ohne Mühe dem Sprachklang des Wortes zuordnen. Das heißt, die Rechtschreibung ist im Grunde eine Lesehilfe, die dem kompetenten Leser eine beträchtliche Steigerung seines Lesetempos ermöglicht – eine Maßnahme, die in unserer Zeit, in der das Lesen so wichtig geworden ist, sehr sinnvoll ist.

Diese Tatsache erinnert an das Prinzip einer Bilderschrift, wobei es aber nicht das Wort*bild*, die Wort*gestalt* ist, der der Sinn zugeordnet wird, sondern die gewusste Graphemfolge, egal in welcher bizarren, die Gestalt verändernden Form die zu den Graphemen gehörenden Buchstaben geschrieben sind. So kann man das Wort *Auto* auch als AUTO, Auto, Auto oder **Auto** schreiben. Obwohl die visuelle Gestalt erheblich verändert ist, kann man den Sinn dieser Zeichenfolge sofort entnehmen.

Überdies betrifft die Gleichschreibung zwecks besseren Wiedererkennens in unserer Sprache nicht die ganzen Wörter, sondern einzelne Bausteine, aus denen viele komplexere Wörter zusammengesetzt werden: die Morpheme. Es gibt die Hauptmorpheme oder Wortstämme, die bestimmte Bereiche unserer Wirklichkeit bezeichnen, wie etwa das Morphem *Haus*. Dann gibt es wortbildende Morpheme, die den Sinn des Hauptmorphems modifizieren. Manche Morpheme können aus Nomen Adjektive (*häus**lich***) oder Verben (*haus**en***) bilden, andere den Inhalt etwas modifizieren (***Zu**hause*) oder stark verändern bis hin zum Gegenteil (***un**häuslich*). Und es gibt grammatische Morpheme, wie etwa *er haus**te*** oder *Häus**er***. Und obwohl das Hauptmorphem klanglich zum Teil stark verändert wird, wird es immer gleich oder zumindest so ähnlich wie möglich geschrieben, damit man die semantische Herkunft sofort erkennt.

Die Funktion der Morpheme ist in der folgenden Wortreihe besonders offensichtlich: *Freund – Freundschaft – freundschaftlich – unfreundschaftlich – Unfreundschaftlichkeit – Unfreundschaftlichkeiten*. Obwohl die letzten drei Wörter Wortmonster sind, die in unserer Sprache glücklicherweise nicht gebräuchlich sind, kann sie jeder sofort verstehen, da die Morpheme ihre eindeutige sinn- und wortformverändernde Funktion haben, und sogar die Rechtschreibung ist eindeutig festgelegt.

Die Morpheme geben dem interessierten Schriftverwender einerseits aufschlussreiche Einblicke in den Zusammenhang zwischen verschiedenen Wörtern, andererseits sind solche Zusammenhänge eine effektive Gedächtnisstütze für bestimmte Schreibungen. Das Wort *Gefahr* wird, wie *fahren*, mit *ah* geschrieben. Den geschichtskundigen Erwachsenen erinnert es daran, dass das Reisen in früheren Zeiten viel weniger sicher war als heute, sodass jeder, der aus seiner Heimatstadt in die Ferne *fuhr*, einige *Gefahren* zu bestehen hatte. Andererseits stellten, da Bücher und audiovisuelle Medien noch weitgehend unbekannt waren, solche Reisen die wichtigste Quelle für *Erfahrungen* dar. Ein Schüler, der bisher mit dem Wort *Gefahr* oder *gefährlich* Schwierigkeiten hatte, wird es nach solch einer anschaulichen Erzählung wohl kaum mehr falsch schreiben.

Beim Aufzeigen solcher Zusammenhänge kann die Rechtschreibung zu einem ausgesprochen amüsanten und bildungswirksamen Unterrichtsfach werden. Allerdings kann gerade das intelligente Nachdenken über reale Zusammenhänge, die sich in der Sprache widerspiegeln, auch wieder in die Irre führen. Denn natürlich müssten die *Eltern* mit *Ä* geschrieben werden, *brennen* hat viel mit dem Brand zu tun und bräuchte deshalb dringend ein *ä*, und die *Beschäftigung* würde durch ein doppeltes *f* ihre Herkunft sehr viel offener zugeben. Wenn das *alles so* ist – *allso* doch besser keine Anleitung zum intelligenten Nachspüren von Wortverwandtschaften?

Damit sind wir bei der Frage nach den Denkvorgängen, die einem Schreiber das Richtigschreiben ermöglichen. Natürlich weiß der kompetente Schreiber ganz einfach, wie die Wörter geschrieben werden, und ruft diese Schreibungen bei Bedarf aus dem Gedächtnis ab. Sollte er einmal die Schreibweise eines Wortes nicht wissen, so schaut er eben im Wörterbuch nach. Ausschlaggebend aber ist die Frage, wie man denn ein solch kompetenter Schreiber wird, das heißt, welche Strategien es dem Lerner ermöglichen, immer mehr Wörter und Wortformen abrufbereit im Kopf zu speichern. Die etwa 300 000 Wörter und Wortformen der deutschen Sprache als Schreibungen im Sinne einer Bilderschrift zu lernen ist unmöglich. Das ist auch gar nicht nötig, denn die Beziehungen zwischen mündlicher und schriftlicher Sprache sind bei uns in viel höherem Maße geregelt als in einer Bilderschrift.

Das Wissen um diese Regeln allerdings nützt vielen Schülerinnen und Schülern, die das Schreiben lernen, genauso wenig, wie einem Dreijährigen Grammatikregeln dabei helfen würden, sprechen zu lernen. Gelernt werden müssen vielmehr überall, wo das möglich ist, die Gedankengänge, die nötig sind, um die Schreibweise eines Wortes aus der gesprochenen Sprache zu erschließen. Je mehr diese Gedankengänge automatisiert und internalisiert werden, desto weniger Kraft und Konzentration verbraucht das Kind für diese Form der Regelanwendung, desto mehr Kraft und Konzentration hat es übrig, um unregelmäßige Schreibungen zu speichern und bei Bedarf abzurufen. Deshalb schlage ich in diesem Buch vor,

- den Schülerinnen und Schülern im Rechtschreibunterricht die Gedankenschritte zu erschließen, mit deren Hilfe sie die meisten Schreibungen aus der mündlichen Sprache ableiten können,
- dabei schrittweise vorzugehen, sodass die Kinder zuerst eine Strategie der lautgetreuen Schreibung erlernen, die immerhin 50 Prozent der Wortschreibungen abdeckt, und dann erst allmählich übergeordnete Strategien einzuüben und so zu lernen, übergeordnete Rechtschreibregeln oder das morphematische Prinzip in immer komplizierteren Wortstrukturen anzuwenden,
- Lerntechniken für das Einprägen von Wörtern zwar bewusst anzuwenden, aber überall, wo die Schreibungen eine gewisse Regelmäßigkeit aufweisen, diese Regeln als das Gedächtnis stützende kognitive Raster zu benutzen, und schließlich
- für die Schülerinnen und Schüler klar zwischen lautgetreuen, regelgeleiteten und nicht ableitbaren Schreibungen zu unterscheiden.

Ziel dieser Unterrichtsbemühungen ist, dass die Schreiber schließlich die Schreibungen nahezu aller Wörter kennen und ohne lange Überlegungen abrufen können (Bilder- bzw. Morphemschriftprinzip). Dieses Ziel schließt den unbewussten, automatisierten Regelgebrauch überall dort, wo es möglich ist, mit ein.

Das oben erwähnte Experiment mit dem Pseudowort /fɛmtə/ macht deutlich, dass auch beim erwachsenen Schreiber ein großes Maß an intuitivem Regelgebrauch in den Schreibprozess einfließt, der dem Schreiber aber nicht bewusst ist. Einige Studenten eines Seminars über Rechtschreibunterricht schrieben das Wort groß und mit nur einem *m* und gaben an, an ein Substantiv gedacht zu haben. Die meisten Studentinnen und Studenten aber schrieben das Wort klein und mit *mm* und gaben an, an ein Verb gedacht zu haben. Alle Studenten hatten intuitiv Regeln zur Konsonantenverdoppelung richtig angewandt, aber keiner von ihnen konnte diese Regel nennen. Nur eine Studentin hatte das Wort klein und mit einem *m* geschrieben. Sie konnte auf Nachfrage nicht sagen, woran sie gedacht hatte, und erklärte dann, dass sie immer besondere Schwierigkeiten im Rechtschreiben hätte.

Die regelhafte Begründung lautet: Nach einem kurzen Vokal in einer betonten Silbe folgen in der Regel mindestens zwei Konsonanten. Bei einem Substantiv wäre /fɛmtə/ die Grundform. Man hört schon zwei Konsonanten, es braucht also kein Konsonant verdoppelt zu werden (analog zu *Kante*). Die Verbform /fɛmtə/ hingegen käme von der Grundform /fɛmən/. Das *m* muss verdoppelt werden, um die Vokalkürze anzuzeigen. Diese Verdoppelung bleibt in der flektierten Form erhalten (analog zu *kannte*). Solche Regeln müssen zwar die Lehrkräfte wissen, aber die Schülerinnen und Schüler sollten unbedingt von solch kopflastigem Regelwissen verschont bleiben! Sie können die Anwendung auch intuitiv erlernen.

1.2 Konsequenzen für eine Systematik der Rechtschreibung

Die Struktur der deutschen Orthografie, in der unterschiedliche Prinzipien (Lautschriftprinzip, Morphemprinzip, grammatisches Prinzip, historisches Prinzip) die Schreibweise der Wörter beeinflussen, führt dazu, dass man die Schreibung der Wörter in drei Gruppen einteilen kann: lautgetreue Schreibungen, nicht lautgetreue Schreibungen, die aber aus Regeln oder anderen Wortformen oder Wörtern ableitbar sind, und Schreibungen, die nicht lautgetreu, aber auch nicht ableitbar sind, die also einfach gelernt werden müssen. Für die Schülerinnen und Schüler ist eine andere, weniger korrekte, aber viel eingängigere Bezeichnung sinnvoll: Mitsprechwörter, Nachdenkwörter, Merkwörter.

1.2.1 Die Mitsprechstrategie und Mitsprechwörter

Das Lautschriftprinzip ist die absolute Grundlage unserer Alphabetschrift. Ohne ein Verständnis dafür, wie der Klang eines Wortes in eine Buchstabenfolge übersetzt werden kann, könnte niemand die etwa 300 000 verschiedenen Wörter und Wortformen unserer Sprache weitgehend richtig zu Papier bringen. Deshalb besteht die grundlegende Schreibstrategie darin, das zu schreibende Wort zu sprechen und einfach synchron mitzuschreiben. Allerdings sind dafür zwei wichtige Voraussetzungen zu beachten:

- Lautsprachliche Grundlage für die Verschriftlichung ist nicht die Umgangssprache, sondern eine besondere, eng an die Buchstabenfolge der Wörter angelehnte,

deutlich in Silben gegliederte Aussprache der Wörter. Diese besondere Aussprache bezeichnen wir als Rechtschreibsprache. Das Hochdeutsche ist dieser Rechtschreibsprache zwar sehr ähnlich, dennoch ist es nicht identisch mit der Rechtschreibsprache (vgl. S. 32 ff.).
- Für jeden alphabetisch codierbaren Laut wird die häufigste Verschriftlichung gewählt.

Wörter, bei denen diese Mitsprechstrategie genügt, um sie richtig zu schreiben, bezeichnen wir als Mitsprechwörter. Etwa die Hälfte aller Wörter und Wortformen unserer Sprache sind solche Mitsprechwörter. Bei weiteren 18 Prozent unserer Wörter braucht man über diese Grundtechnik hinaus nur an die Großschreibung zu denken, um sie richtig zu schreiben. Aber auch bei den übrigen Wörtern, bei denen einzelne Sprechlaute durch eine seltenere graphemische Alternative wiedergegeben werden, bildet diese Art des Mitsprechens die Grundlage für die Verschriftlichung. Erst auf dieser Mitsprechstrategie aufbauend werden die besonderen Schreibungen durch weitere Strategien bewältigt.

1.2.2 Die häufigste Verschriftlichung eines Lautes

Kompetente Rechtschreiber verfügen über ein unbewusstes Wissen darüber, welches die übliche Verschriftlichung eines Lautes ist. Wenn man ihnen Pseudowörter zum Einprägen gibt, weil anschließend ein Diktat mit diesen Pseudowörtern geschrieben werden soll, so richten sie etwa bei dem Pseudowort *Kaarsteppsel* ihre Aufmerksamkeit auf das Doppel-a und das Doppel-p. Der K-Laut am Anfang wird von niemandem extra erwähnt, obwohl er ja genauso gut als *Ch* geschrieben werden könnte, wie etwa in *Chor*, oder als *C* wie in *Casino*. Aber *K* ist die häufigste Verschriftlichung des Lautes und wird spontan vom Sprechen her gewählt, wenn der Kopf nicht andere Anweisungen gibt. Dieser Vorgang ist beim kompetenten Schriftverwender so stark automatisiert, dass er quasi unbewusst, ohne jedes Nachdenken abläuft. Für die Kinder ist es hilfreich, wenn sie diese selbstverständliche Verbindung zwischen Sprechlaut und häufigster Schreibung möglichst bald automatisieren. Zwar hat auch das Lesen bei diesem Vorgang einen wichtigen Anteil, aber wenn sich die Lehrkräfte bei jedem Laut über dessen häufigste Verschriftlichung im Klaren sind, können sie für die Kinder viel klarer unterrichten, Verwirrungen und Verunsicherungen vermeiden und den Automatisierungsprozess wirksam unterstützen.

C. L. Naumann (1987) hat in umfangreichen Texten ausgezählt, welche unterschiedlichen Möglichkeiten es für die Verschriftlichung eines Sprechlautes gibt und welches die häufigste Verschriftlichung ist (vgl. die Tabellen auf S. 17 ff.). So lässt sich die Verschriftlichung eines Lautes durch die häufigste Variante, durch die häufigste graphemische Alternative als lautgetreue Schreibung definieren.

1.2.3 Merkwörter

Merkwörter oder nicht ableitbare Schreibungen sind die Wörter mit Abweichungen von der lautgetreuen Schreibung, die man nicht für Kinder einsichtig durch eine Regel oder eine Ableitung von anderen Wörtern begründen kann. Dazu gehört z. B. das *ah* in *fahren* oder das *v* in *Volk* und in der Vorsilbe *ver*.

Diese Rechtschreibbesonderheiten betreffen eigentlich einzelne Morpheme, sind aber für die Schüler/innen viel eingängiger zu lernen, wenn sie in einem Wort erfahren werden, in dem das Morphem so rein wie möglich auftritt. Bei *Bahn* wird das Morphem in Reinform gelernt, weil es schon einen klaren Inhalt hat. Das Morphem *fahr* hingegen gibt für die Kinder keinen Sinn, sie müssen sich merken: »*fahren* mit *a-h*«, auch wenn eigentlich das Morphem *fahr* gemeint ist.

Ein Merkwort wird ebenso wenig wie alle anderen Wörter als Wortbild gelernt. Auch hier gilt die Mitsprechstrategie als Grundstrategie. Darüber hinaus aber haben sich die Schüler/innen bei diesem Wort eine Rechtschreibbesonderheit zu merken, die mit dem Wortklang und dem Wortinhalt abgespeichert werden muss. Im Moment des Wortschreibens und Mitsprechens kann sie abgerufen werden und modifizierend auf die Schreibung einwirken.

Will ein Kind also *fahren* schreiben, so spricht es zunächst los und schreibt mit. Beim Schreiben des *a* fällt ihm (hoffentlich!) ein: »Ach ja, *fahren* mit *a-h*!« Es hängt das *h* an das *a*, spricht dann die zweite Silbe und schreibt sie lautgetreu mit. Damit sich dem Kind die Rechtschreibbesonderheit einprägt und es im richtigen Moment daran denkt, wird diese sowohl visuell und schreibmotorisch als auch auditiv-kognitiv eingeprägt. Letzteres geschieht, indem die Kinder zu diesem Wort einen Merksatz lernen, den ich im Folgenden als »kognitiven Zusatz« bezeichnen möchte: »*Fahren* mit *a-h*!«

1.2.4 Nachdenkstellen und Nachdenkwörter

Nachdenkwörter oder ableitbare Schreibungen sind nicht mehr lautgetreue Schreibungen. Das heißt, es werden ein oder mehrere Sprechlaute durch seltenere graphemische Alternativen dargestellt, der Laut /f/ z. B. durch *ff*, *v* oder *ph*, der Laut /a:/ z. B. durch *ah* oder *aa*. Diese Schreibweise ist durch Ableitung dieses Wortes von einem lautgetreuen Wort, einem Merkwort oder einer klaren Regel zu begründen. Hier wird also das Lautschriftprinzip durch übergeordnete Regeln oder das morphematische Prinzip verändert, was in der Schreibweise berücksichtigt werden muss.

In der Grundschulzeit müssen die Schüler/innen allmählich lernen, die Zusammenhänge zwischen den verschiedenen Wortformen und Wörtern zu begreifen, und können nur in begrenztem Maße selbstständig Regeln anwenden oder Wörter voneinander ableiten. Aber es fördert die später geforderte Fähigkeit zum selbstständigen Ableiten und Regelanwenden sehr, wenn die Kinder beim Üben von Wörtern diese Ableitungen und Regelanwendungen mitüben. Deshalb werden die Nachdenkwörter beim Wörterlernen mit einem zweiteiligen kognitiven Zusatz versehen. Der erste Teil enthält die Begründung, also den Regelanteil, der zweite Teil benennt als Schlussfolgerung die Rechtschreibbesonderheit. Beispiele:

- »*Versuchen, Vorsilbe ver,* (Regelteil) *also mit v!*« (Rechtschreibbesonderheit)
- »*Er rollt kommt von rol-len,* (Regelteil) *also mit Doppel-l!*« (Rechtschreibbesonderheit)
- »*Gefahr kommt von fahren,* (Regelteil) *also mit a-h!*« (Rechtschreibbesonderheit)

Keiner dieser beiden Teile des kognitiven Zusatzes darf fehlen. Der Regelteil hilft, die Schreibweise in ein größeres kognitives Gefüge einzuordnen und ist daher eine wichtige Gedächtnisstütze. Darüber hinaus bereitet er den Transfer auf unbekannte Wörter vor. Der zweite Teil enthält die aus der Regel zu ziehende Konsequenz, die Regelanwendung. Lässt man ihn fort, so verfehlt der kognitive Zusatz häufig seine Wirkung – die Kinder schreiben das Wort falsch, obwohl sie die Ableitung oder die Regel richtig nennen können. Der Gedanke wird sozusagen nicht zu Ende gedacht. Dieses Zu-Ende-Denken muss mit dem zweiten Teil des kognitiven Zusatzes geübt werden. Erst ab dem fünften Schuljahr wird dann verstärkt die selbstständige Anwendung von Regeln und Ableitungen trainiert.

1.2.5 Der Stellenwert der Rechtschreibregeln

Das Anwenden von Regeln in der Rechtschreibung hat die Funktion, das Gedächtnis ganz wesentlich zu entlasten. Gegen diese Aussage wird häufig der Einwand ins Feld geführt, die deutsche Rechtschreibung sei doch in hohem Maße ungeregelt, habe sehr viele Ausnahmen, sodass Schreiber, welche die Schreibweise unbekannter Wörter aus Regeln abzuleiten versuchten, sehr häufig zu falschen Ergebnissen kämen. Daher sei es wichtiger, dass Wörter bzw. Morpheme als Wortbilder auswendig gelernt und unbekannte Wörter im Wörterbuch nachgeschlagen würden.

Die Beobachtung, dass unbekannte Wörter häufig falsch geschrieben werden, wenn man versucht, die Schreibweise aus Regeln abzuleiten, ist richtig. In der Tat gibt es in der Rechtschreibung nicht viele Regeln, zu denen sich keine Ausnahmen finden lassen. Deshalb jedoch zu behaupten, Rechtschreibregeln spielten beim Lernen der Rechtschreibung keine Rolle, hieße, die Funktion der Regeln völlig zu verkennen. Selbst das Nachschlagen von Wörtern ist ohne ein gehöriges Maß an Regelanwendungen nicht möglich. Noch viel wichtiger aber ist die Funktion der Regeln als Gedächtnisentlastung und Gedächtnisstütze.

Die meisten in der Rechtschreibung geltenden Regeln werden allerdings vom kompetenten Schreiber unbewusst angewandt. Nicht das Regel*wissen* ist entscheidend für die Rechtschreibfähigkeit, sondern die Strategie der Regel*anwendung*. Das Regelwissen ist nur für Lehrkräfte wichtig – für die ist es allerdings als Basis ihres unterrichtlichen Handelns ausgesprochen wichtig: Es bildet die Grundlage für eine korrekte Formulierung von kognitiven Zusätzen, in denen die Strategien der Regelanwendung gelernt werden. Und es hilft ihnen, falsche Regeln, die die Schüler/innen sich spontan zurechtlegen oder von ihren Eltern lernen, zu erkennen und zu korrigieren. Typische falsche Regeln sind z. B., dass nach kurzem Selbstlaut immer ein doppelter Mitlaut stünde oder ein Wort großgeschrieben würde, wenn man *der*, *die* oder *das* davorsetzen könne.

1.3 Die lautgetreue Schreibung und kognitive Zusätze im Einzelnen

1.3.1 Die häufigste Schreibung und seltenere Alternativen

C. L. Naumann zählte in einer 1987 veröffentlichten Untersuchung aus, wie häufig die verschiedenen in unserer Sprache vorkommenden Phoneme durch die verschiedenen graphemischen Alternativen wiedergegeben werden. Dabei legte er nicht das Wörterbuch zugrunde, sondern fortlaufende Texte, sodass nicht jedes Wort einmal gezählt wurde, sondern häufig vorkommende Wörter flossen öfter in die Zählung ein, selten vorkommende entsprechend weniger. Außerdem ging er von der deutschen Hochsprache aus, nicht von der Rechtschreibsprache, was z. B. bei den Doppelkonsonanten eine Rolle spielt.

Die Ergebnisse sind in den folgenden Tabellen aufgelistet. In der linken Spalte ist das Phonem aufgeführt, und zwar, wie in der Linguistik üblich, durch Schrägstriche gekennzeichnet. Lange Vokale sind durch einen Doppelpunkt hinter dem Vokalzeichen kenntlich gemacht. In eindeutigen Fällen wurde das in der Linguistik üblicherweise für dieses Phonem verwendete Zeichen durch das alphabetische Zeichen ersetzt, um es besser verständlich zu machen.

In der mittleren Spalte ist die häufigste graphemische Alternative für dieses Phonem angegeben, also der Buchstabe (bzw. die Buchstaben), mit dem dieses Phonem in laufenden Texten meistens dargestellt wird. Die Prozentzahl daneben gibt an, wie häufig dies der Fall ist. In der rechten Spalte schließlich finden sich die verschiedenen Möglichkeiten für Schreibungen, die von dieser häufigsten Schreibweise abweichen, und die dazu passenden kognitiven Zusätze.

Tab. 1: **Lange Vokale**

Laut	häufigste Schreibung	Kognitive Zusätze bei abweichender Schreibung
/a:/	a (88 %)	• *nah:* gehört zu *na-he*, also mit *a-h* (gesprochen: a-ha) • *fahren:* mit *a-h* • *Gefahr:* gehört zu *fahren*, also mit *a-h* • *Haar:* mit Doppel-a
/e:/	e (86 %)	• analog zu *ah* bzw. *aa*
/o:/	o (88 %)	• analog zu *ah* bzw. *aa*

Tab. 1: **Lange Vokale** (Fortsetzung)		
/u:/	u (97 %)	• analog zu *ah*
/ɛ:/	ä (66 %)	• *er mäht:* gehört zu *mä-hen*, also mit *ä-h* • *allmählich:* mit *ä-h* • *wählen:* gehört zu *Wahl*, also mit *ä-h* (*Wahl* muss natürlich vorher geübt sein!) • *Säge:* mit Pünktchen-*ä* • *er schläft:* kommt von *schlafen*, also mit Pünktchen-*ä*
/ö:/	ö (85 %)	• *stöhnen:* mit *ö-h* • *unversöhnlich:* gehört zu *Sohn*, also mit *ö-h*
/ü:/	ü (80 %)	• *Bühne:* mit *ü-h* • *Stühle:* gehört zu *Stuhl*, also mit *ü-h* (*Stuhl* muss natürlich vorher geübt sein!)
/ai/	ei (99 %)	• *er verzeiht:* gehört zu *verzei-hen*, also mit *ei-h* • *Mai:* mit *a-i* (evtl. Lernen in Wortgruppen)
/au/	au (100 %)	
/eu/	eu (85 %)	• *Sträucher:* gehört zu *Strauch*, also mit *ä-u* • *Säule:* mit *ä-u* (evtl. Lernen in Wortgruppen)
/i:/	ie (78 %)	• *ihn:* mit *i-h* (Gruppenlernen) • *Vieh:* mit *i-e-h* • *er zieht:* gehört zu *zie-hen*, also mit *i-e-h* • *Maschine:* Endung *-ine*, also einfach *i* • *mir, dir, wir, gib:* Sparschreibung, also einfach *i* • *Politik:* Fremdwort, also einfach *i* • *dividieren:* Fremdwort-Stamm einfach *i*, Endung *-ieren* immer *ie* • *Demokratie:* Endung *-ie* immer *ie* • *Tiger, Fabrik …:* einfach *i* (evtl. Lernen in Wortgruppen)

Tab. 2: **Kurze Vokale**		
Laut	häufigste Schreibung	Kognitive Zusätze bei abweichender Schreibung
/a/	a	
/i/	i	
/o/	o	
/u/	u	
/ö/	ö	
/ü/	ü	
/ɛ/	e (88 %)	*tatsächlich:* gehört zu *Tatsache*, also mit *ä*

Tab. 3: **Konsonanten**

Laut	häufigste Schreibung	Kognitive Zusätze bei abweichender Schreibung
/r/	r (90 %)	• *sperren: sper-ren* (diese Form braucht keinen kognitiven Zusatz, muss nur mit deutlicher Silbenpause gesprochen werden) • *er sperrt:* kommt von *sper-ren*, also mit Doppel-*r* • *Herr:* gehört zu *Her-ren*, also mit Doppel-*r* • *herrlich:* gehört zu *Her-ren*, also mit Doppel-*r*
/l/	l (85 %)	*ll* analog zu *rr*
/m/	m (92 %)	*mm* analog zu *rr*
/n/	n (96 %)	*nn* analog zu *rr*
/ng/	ng (87 %)	*nk* möglichst nicht problematisieren, sondern über die Rechtschreibsprache lösen!
/p/	p (57 %)	*pp* analog zu *rr* Auslautverhärtung und kombinatorische Verhärtung: • *Dieb:* gehört zu *Die-be*, also hinten *b* • *Raubüberfall:* gehört zu *rau-ben*, also Raub mit *b* • *geraubt:* gehört zu *rau-ben*, also mit *b* • *Herbst:* mit *b* (evtl. Lernen in Wortgruppen)
/b/	b (fast 100 %)	*bb* analog zu *rr*
/t/	t (77 %)	*tt* analog zu *rr* *d* analog zur Auslautverhärtung bei *b* • *Stadt:* mit *d-t* (evtl. Lernen in Wortgruppen) • *Theater:* mit *T-h* (evtl. Lernen in Wortgruppen)
/d/	d (fast 100 %)	*dd* analog zu *rr*
/k/	k (69 %)	*ck* analog zu *rr* *g* analog zur Auslautverhärtung bei *b* • *Quelle:* /kw/ immer *q-u*
/g/	g (fast 100 %)	*gg* analog zu *rr*
/f/	f (54 %)	*ff* analog zu *rr* • *Volk:* mit *V* (evtl. Lernen in Wortgruppen) • *bevölkert:* gehört zu *Volk*, also mit *v* • *verlieren:* Vorsilbe *ver*, also mit Vorsilben-*v* • *aktiv:* Fremdwort-Endung *iv*, also mit *v* • *Philosophie:* mit *P-h*
/w/	w (98 %)	• *Venus:* mit *V* (Gruppenlernen) • *Quelle:* /kw/ immer mit *q-u*

Tab. 3: **Konsonanten** (Fortsetzung)		
/z/[1]	s (100 %)	
/s/[1]	s (76 %)	*ss* analog zu *rr* *Straße:* Regel »/s/ am Silbenanfang = *ß*« (nach Kenntnis dieser Regel können die Kinder die Rechtschreibsprache nutzen) • *Fuß:* gehört zu *Fü-ße*, also mit *ß* • *größte:* gehört zu *gro-ße*, also mit *ß* • *er beißt:* gehört zu *bei-ßen*, also mit *ß* • *er aß:* gehört zu *wir a-ßen*, also mit *ß*
/ts/	z (84 %)	• *Katze: Kat-ze* (Rechtschreibsprache) • *kratzt:* gehört zu *krat-zen*, also mit *tzt* • *jetzt:* mit *tzt* • *heizen:* nach *ei*, *au*, *eu* nie *tz* (*tz* ist ein Kürzezeichen; die Diphthonge gelten aber immer als lang, können also kein Kürzezeichen nach sich haben) • *Arzt:* nach *n*, *l*, *r* nie *tz* (*tz* zeigt, dass der Vokal kurz ist, aber *l, n, r* sind keine Vokale) • *Skizze:* mit Doppel-z • *Aktion: Ak-ti-on* (Rechtschreibsprache) • *nichts: nicht-s* (Rechtschreibsprache) oder: mit *t-s* • *nachts*, *Geburtstag:* Genitiv-*s*
/ʃ/	sch (55 %)	• *Stein:* entweder *S-tein* oder: /ʃt/ im Anlaut immer *s-t* • *Speck:* analog • *Chef:* mit *ch* (evtl. Lernen in Wortgruppen)
i/ch/	ch (92 %)	• *ruhig:* Endung *-ig* (*ru-hi-ge*)
a/ch/	ch (100 %)	
/j/	j (100 %)	• *Familie: Fa-mi-li-e*
/h/	h (100 %)	
/ks/	chs (64 %)	• trotzdem *Hexe* als das Normale ohne Zusatz! • *Wachs* mit *c-h-s* • *wachsen: wach-sen* (Rechtschreibsprache) • *Knicks:* von *knic-ken*, also mit *cks* • *Keks:* mit *k-s* • *flugs:* heißt eigentlich *im Fluge*, also mit *gs*

1 /z/ = stimmhaft gesprochenes s; /s/ = stimmlos gesprochenes s. In manchen Gegenden wird nicht zwischen stimmhaftem und stimmlosem s-Laut unterschieden. Hier ist es sinnvoll, die ca. 50 Wortstämme mit *ß* als Merkwörter zu behandeln und extra lernen zu lassen. Kognitiver Zusatz wäre dann z. B. »*Straße* mit *ß*!«

Diese Tabellen zeigen einige lautgetreue Schreibungen, die inzwischen schon zu einem weitgehenden Umdenken in der Rechtschreibdidaktik geführt haben:

1.3.2 Konsequenzen für die Didaktik bei langen Vokalen

Lange Vokale (abgesehen vom /i:/) werden in der Regel als einfaches Vokalzeichen geschrieben, ohne jedes Längenzeichen – das /e:/ beispielsweise in 86 Prozent der Fälle, das /u:/ sogar in 97 Prozent der Fälle. Das heißt, dass der Vokal nicht erst durch das »Dehnungs-h«, wie es früher bezeichnet wurde, gedehnt wird, sondern dass dieses nur in manchen Wortstämmen anzeigt, dass der Vokal lang ist. Es ist eine Lesehilfe und kann als solche im Leseunterricht auch durchaus thematisiert und benannt werden. Aber weitaus die meisten Vokale werden ohne solch ein Längenzeichen geschrieben. Wenn ein Schreiber also erkennt, dass der Vokal lang ist, so heißt das noch nicht, dass er ein Längenzeichen schreiben sollte. Längenzeichen kommen auch bei langen Vokalen so selten vor, dass die Trefferquote höher ist, wenn man bei Unsicherheit, solange man nicht nachschlagen oder fragen kann, besser kein Längenzeichen schreibt. Nur wenn man sicher ist, dass das Wort ein Längenzeichen braucht, sollte man es schreiben.

Das bedeutet aber auch, dass für die Schreibung der Längenzeichen die Unterscheidung zwischen langen und kurzen Vokalen nicht hilfreich ist; vielmehr sind die Wörter mit Längenzeichen Merkschreibungen, die man sich einfach einprägen muss. Das kommt auch in den kognitiven Zusätzen zum Ausdruck: Es gibt dort keinen Hinweis auf die Vokallänge, sondern bei den Grundwort-Stämmen wird der Vokal mit Längenzeichen in einen Merksatz gepackt und eingeprägt (*fahren* mit *a-h*), und Komposita werden auf dieses Grundwort zurückgeführt (*Gefahr* gehört zu *fahren*, also mit *a-h*). Dadurch bleibt die Zahl der auf diese Weise zu speichernden Wörter überschaubar und gut zu bewältigen.

Ein Problem ist in dieser Hinsicht nur das /i:/, denn das wird in 78 Prozent der Fälle als *ie* geschrieben, also mit Längenzeichen. Allerdings entfällt ein Gutteil dieser Schreibungen auf die sehr häufigen Wörtchen *die*, *sie*, *wie*, *nie* und *hier*. Geht man das Wörterbuch durch, so findet man etwa die gleiche Anzahl Wörter, in denen das lange *i* durch *ie* dargestellt wird, wie solche, in denen auch für das lange *i* ein einfaches *i* geschrieben wird. Allerdings sind die Wörter, in denen das lange *i* nicht als *ie* geschrieben wird, meist Wörter aus fremden Sprachen, wie etwa *positiv*, *Genitiv* oder *spezifisch*. Aber viele dieser Fremdwörter sind inzwischen so selbstverständlich in unserer Sprache in Gebrauch, dass die meisten Schreiber gar nicht darauf kommen würden, dass es sich um Fremdwörter oder korrekter: Lehnwörter, handelt, etwa die *Bibel*, die *Polizei* oder das *Taxi*. Und dann kommt auch noch hinzu, dass sich manche offensichtlichen Fremdwörter eine typisch deutsche, mit *ie* geschriebene Endung »angelacht« haben, wie etwa das *Gen**ie*** oder *divid**ieren***. Allerdings werden die meisten dieser Wörter von den Sprechern erst später im Laufe ihres Heranwachsens in Gebrauch genommen als etwa die mit *ie* geschriebenen Wörter wie *liegen*, *schieben* oder *spielen*. Von daher bietet sich beim Schreiben des langen *i* folgendes Vorgehen an:

- Zunächst lernen die Schüler/innen für den Laut *i* die Schreibung *i*, unabhängig von Länge und Kürze. Wörter mit *ie* werden als Merkwörter gelernt. Das Lernen der *ie*-Wörter muss schon in den ersten Schuljahren beginnen, weil diese Wörter von Kindern häufig gebraucht werden. Unterstützt wird dies, wenn die Kinder die Silben zu Wörtern mit *ie* auf etwas andere Weise schwingen als zu allen anderen Wörtern: Die Silbe mit dem *ie* am Ende wird mit einem Looping und einem klaren Punkt in die Luft geschwungen. So kann das Einprägen motorisch unterstützt werden.
- In dem Maße, wie die Schüler/innen immer mehr Wörter mit *ie* speichern, werden sie anfangen, zu generalisieren und viele Wörter mit langem *i* als *ie* schreiben – auch dort, wo kein *ie* hingehört. Auch dann sollte man nicht die Länge oder Kürze des Vokals als Begründung einführen, denn das Unterscheidungslernen kostet zu viel Zeit. Hinzu kommt, dass die Kinder, wenn sie beim Schreiben sorgfältig mitsprechen, auch kurze *i* während des Schreibvorgangs zu einem langen *i* dehnen, weil die Schreibbewegung einfach so viel Zeit braucht. Das macht dann die mühsam gelernte Unterscheidung wieder zunichte. Aber man kann als Prüfung einführen: Nur wenn das *i* am Silbenende steht oder durch Ableitung ans Silbenende zu bringen ist, wird es möglicherweise als *ie* geschrieben (auch hier gibt es Ausnahmen, z. B. *hier*, er *liest*, es *piepst* …).
- Später kommt dann als Ausdifferenzierung hinzu: Endung *-ine* mit einfachem *i* und Fremdwörter kein *ie*.

1.3.3 Konsequenzen für die Didaktik bei Doppelkonsonanten

Bei den Konsonanten lässt sich feststellen, dass Doppelkonsonanten sehr viel seltener vorkommen als die einfach geschriebenen Konsonanten. Da C. L. Naumann (1987) bei seiner Zählung von der Hochsprache und nicht von der Rechtschreibsprache ausging, sind seine Prozentzahlen sogar etwas zu niedrig angesetzt. Denn beim Sprechen der Rechtschreibsprache als Grundlage des Schreibens werden die Wörter so deutlich in Silben gegliedert, dass doppelte Mitlaute an der Silbenfuge auch doppelt hörbar gemacht werden, also für jeden gehörten Konsonanten nur ein Buchstabe geschrieben wird. Dies wird beim ersten Konsonanten in Tabelle 3, dem *r* in der ersten Zeile, bei den kognitiven Zusätzen deutlich, gilt aber für alle Konsonanten, die gelegentlich verdoppelt werden. Auch das *ck*, das ja das Doppel-*k* ersetzt, wird an der Silbenfuge als doppeltes *k* gesprochen, obwohl es beim Schreiben nicht zwischen dem *c* und dem *k* getrennt werden darf.

Gerade wenn man das Silbenschwingen in den ersten Schuljahren mit viel Ganzkörperbewegung und tiefen Silbenschwüngen übt, entwickeln die Kinder eine Intuition dafür, wann ein Konsonant verdoppelt werden muss und wann er ganz bequem auch beim Silbenschwingen ohne Verdoppelung gesprochen werden kann, ohne dass das Wort verzerrt klingt. Alle Doppelkonsonanten, die nicht an der Silbenfuge stehen, können durch Ableitung an die Silbenfuge gebracht werden (diese Regel hat nur sechs Ausnahmewörter!).

Damit kann auf das mühsame Unterscheidungslernen zwischen Länge und Kürze eines Vokals völlig verzichtet werden, ebenso wie auf das komplizierte Regelwerk zur Konsonantenverdoppelung. Längenzeichen werden als Merkschreibungen gelernt, Doppelkonsonanten über die Rechtschreibsprache, wenn sie sich an der Silbenfuge befinden, und über die Ableitung komplexerer Formen von solch einem Wort.

1.3.4 Kognitive Zusätze zur Großschreibung

Auch die Großschreibung braucht kognitive Zusätze, denn etwa drei Viertel der Wörter werden kleingeschrieben – die Kleinschreibung ist also das Normale, weshalb Lernende die Wörter im Zweifelsfall kleinschreiben sollten. Großschreibung kann man nicht hören, sondern nur durch Nachdenken herausbekommen, demnach sind alle großgeschriebenen Wörter Nachdenkwörter. Solange die Schüler/innen Wörter ohne Kontext üben, bieten sich folgende kognitive Zusätze an:

- Konkrete Nomen: »Kann man anfassen, also groß.« Bei Dingen, die man eigentlich nicht anfassen kann (z. B. *Wolken, Glut, Löwe*): »Kann man sich vorstellen anzufassen, also groß.«
- Abstrakta, die man haben kann (z. B. *Wind, Husten, Angst, Freiheit*): »Kann man haben, also groß.«
- Maßeinheiten (z. B. *Kilometer, Tag, Januar*): »Name von einer Maßeinheit, also groß.«
- Abstrakta mit den Substantivendungen *-heit, -keit, -nis, -schaft, -tum* und *-ung*: »Endet auf …, also groß.«
- Es gibt Wörter, auf die keine dieser Begründungen passen, z. B. *Abreise, Gruß*. Solche Wörter sind dann einfach Merkwörter.

In der Grundschule üben die Kinder häufig, auch ganze Texte richtig zu schreiben. Dann bietet sich auch oft der kognitive Zusatz an: »… ist der Chef von dem Begleiter … [z. B. *der*], also groß.« Begleiter sind für die Kinder zunächst nur die bestimmten Artikel *der, die, das, des, dem, den*. Wenn man diesen kognitiven Zusatz einführen will, muss man zuvor besprechen, dass diese Artikel ein Nomen, also ihren Chef, quasi ankündigen. Aber der Chef ist so wichtig, dass sich oft noch andere Wörter zwischen den Chef und seinen Begleiter schieben, sodass man schauen muss, wer denn nun wirklich der Chef von diesem Artikel ist. Bald kann man dann auch die unbestimmten Artikel *ein, eine, eines, einem, einen* dazunehmen.

Sehr irreführend ist die immer wieder propagierte Behauptung: »Man kann *der, die* oder *das* davorsetzen, also groß.« Denn man kann eigentlich vor fast jedes Wort einen Artikel setzen, wenn man es in den entsprechenden Kontext setzt, zum Beispiel:

- *kochen:* Das Kochen macht Spaß.
- *und:* Das »und« verbindet diese zwei Sätze.

Und so lassen sich immer wieder Kinder beobachten, die schreiben sollen »Am Sonntag kochen wir für Mutti« und *kochen* spontan kleinschreiben – und dann »das Kochen« vor sich hinsprechen, um den Anfangsbuchstaben schnell noch in ein großes *K* zu verwandeln. Weil Kinder diese Regel aber häufig durch die Eltern lernen und sich daran orientieren, kann man ihnen auch sagen, dass die Großschreibung zwei Begründungen braucht, also z. B. »Man kann *der, die* oder *das* davorsetzen und es ist der Chef von einem Begleiter« oder »... und man kann es anfassen oder haben«.

1.4 Warum strategiebasiertes Rechtschreiblernen? Zum Unterschied zwischen Regel- und Strategielernen

Ziel des Rechtschreibunterrichts ist nicht, sich sämtliche Wörter und Wortformen mit kognitiven Zusätzen einzuprägen. Diese Art des Rechtschreiblernens ist eine Vorform, die in der Grundschule geübt wird, um die Kinder allmählich in das sprachliche Denken einzuführen, das zum orthografisch richtigen Schreiben nötig ist. Kompetente erwachsene Schreiber wissen die Schreibung der meisten Wörter, ohne lange nachzudenken. Das ist bei mehr als 300 000 Wörtern und Wortformen der deutschen Sprache aber nur möglich, weil sie Strategien entwickelt haben, sich die Schreibung weniger bekannter Wortformen aus Bekanntem zu erschließen. Nur bei wenigen, sehr unbekannten Wörtern müssen sie im Wörterbuch nachschlagen.

Die wichtigste übergeordnete Rechtschreibstrategie ist das Ableiten. Wenn jemand etwa das Wort /ɛs ɛrhɛlt/ schreiben will, denkt er an den Infinitiv, je nach Sinn des Wortes an erhalten oder erhellen, und schreibt entsprechend *es erhält* oder *es erhellt.* Ebenso denkt er, wenn er etwa »als /ɛntgɛlt/ für« schreiben will, daran, dass *Entgelt* nicht von dem Wort *Geld* kommt, obwohl er vielleicht sogar Geld als Entgelt bekommt, sondern von dem Wort *entgelten*, und schreibt hinten ein *t.* Und bei noch komplexeren zusammengesetzten Wörtern ist der kompetente Schreiber fähig, die Wortbausteine, aus denen das Wort zusammengesetzt ist, zu analysieren und diese richtig zu schreiben. Wenn also nicht *als Entgelt*, sondern *unentgeltlich* geschrieben werden muss, erkennt er das Grundwort und schreibt es richtig. Ein anderes Beispiel: Wenn Sie das Wort *Aussichtsturm* schreiben wollen, erkennen Sie das Wort *Aussicht* und den Verbindungsbaustein *s*, sodass Sie nicht in Gefahr kommen, wie mancher Fünftklässler **Aussichtzturm* zu schreiben.

Ab dem fünften Schuljahr müssen Schüler/innen in verstärktem Maße in den Gebrauch von übergeordneten Rechtschreibstrategien eingeführt werden, die ihnen die Schreibung nicht lautgetreuer Wörter ermöglichen, auch wenn sie sie nicht vorher geübt oder noch nicht sicher gespeichert haben. Die Grundstrategie, das Sprechen des Wortes in der Rechtschreibsprache und das synchrone Mitschreiben, das ja spätestens ab der zweiten Klasse geübt wird, muss ausreichend automatisiert sein, um genug Aufmerksamkeit für die übergeordneten Strategien freizugeben. Strategien der Großschreibung werden schon in der Grundschule geübt, etwa die Großschreibung am Satzanfang. Außerdem dienen die kognitiven Zusätze ja schon dazu, implizit weitere Strategien einzuführen und zu trainieren.

Was ab der fünften Klasse hinzukommen muss, ist die selbstständige Anwendung sämtlicher Strategien für das orthografisch richtige Schreiben, ohne sie vorher in einem kognitiven Zusatz gelernt zu haben. Das versuchte man bisher durch das Erlernen der Rechtschreibregeln zu erreichen. Nur leider wandten viele Schüler/innen die Regeln dann doch nicht an. Das Vermitteln der Strategien geht nun einen Schritt weiter, denn Strategien bestehen eigentlich im Anwenden von Rechtschreibregeln. Der Unterschied zwischen Regel- und Strategielernen besteht darin, dass man das Regelwissen auf ein Minimum reduziert und versucht, stattdessen die Denkbewegungen einzuüben, die der Anwendung der Regel zugrunde liegen.

Am Beispiel des Wortes /ɛrhɛlt/ soll dieser Unterschied verdeutlicht werden. Um richtig *erhellt* zu schreiben, müssten folgende Regeln beachtet werden:

- Nach einem kurzen Selbstlaut (in einer betonten Silbe) folgen zwei Mitlaute.
- Wenn in der Grundform nur ein Mitlaut zu hören ist, wird dieser verdoppelt. Diese Verdoppelung wird in der flektierten Form beibehalten.

Die Strategieanwendung, die man mit den Schüler/innen einübt, besteht nun darin, das *t* in der Verb-Endung als Signal wahrzunehmen, dann die Grundform zu bilden und die Schlussfolgerung daraus zu ziehen, also: »*Erhellt*, gehört zu *er-hel-len*, also *erhellt* mit Doppel-l«.

1.5 Der Zusammenhang zwischen Strategien und Phänomenen bei der Arbeit im Regelbereich

Lange Zeit galten Rechtschreibphänomene wie Verdoppelung, Auslautverhärtung und Ähnliches als das Wichtige und man behandelte im Rechtschreibunterricht ein Phänomen nach dem anderen. Wenn man aber die Strategien als das Wesentliche behandelt, vereinfacht sich die Rechtschreibung, denn die Ableitungsstrategien sind für fast alle Phänomene die gleichen:

Tab. 4: **Strategien und Phänomene**				
Strategien / Phänomene	**t-Signal**	**Wörter verlängern**	**Wörter auseinandernehmen und den ersten Teil verlängern**	**Wörter einprägen**
Wörter mit ie	er spielt ⇔ sp***ie***·len	Spiel ⇔ Sp***ie***·le	Spielplan ⇔ Sp***ie***·le	er liest er hielt hier …
Wörter mit ß	er reißt ⇔ rei·***ß***en sie grüßt ⇔ grü·***ß***en	Gruß ⇔ Grü·***ß***e bloß ⇔ blo·***ß***e er saß ⇔ wir sa·***ß***en	Grußworte ⇔ Grü·***ß***e spaßhaft ⇔ Spä·***ß***e	scheußlich evtl. alle Wortstämme mit ß
Wörter mit Doppelkonsonant, ck und tz	du rennst ⇔ re***n***·***n***en er schickte ⇔ schi***c***·***k***en geblitzt ⇔ bli***t***·***z***en	Stamm ⇔ Stä***m***·***m***e dumm ⇔ dü***m***·***m***er er pfiff ⇔ wir pfi***f***·***f***en	Flussmündung ⇔ Flü***s***·***s***e Schicksal ⇔ schi***c***·***k***en blitzschnell ⇔ Bli***t***·***z***e	er nimmt Wann denn? Dann, wenn …! jetzt plötzlich
Wörter mit Auslautverhärtung	er lobte ⇔ lo·***b***en du steigst ⇔ stei·***g***en	Korb ⇔ Kör·***b***e Kleid ⇔ Klei·***d***er Steg ⇔ Ste·***g***e klug ⇔ klü·***g***er sie erschrak ⇔ wir erschra·***k***en	löblich ⇔ lo·***b***en leidvoll ⇔ lei·***d***en Lügner ⇔ lü·***g***en	Obst Stadt weg
Wörter mit h nach Vokal	du drehst ⇔ dre·***h***en	Kuh ⇔ Kü·***h***e froh ⇔ fro·***h***e er sah ⇔ wir sa·***h***en	Drehpunkt ⇔ dre·***h***en fröhlich ⇔ fro·***h***e unvorhersehbar ⇔ se·***h***en	fahren
Wörter mit ä/äu	er schläft ⇔ schl***a***·fen (aber: er träumt ⇔ Traum)	(Häuser ⇔ Haus)	(länglich)	spät Säule

Wie man sieht, gibt es drei wesentliche Ableitungsstrategien, mit denen man sich sehr viele vom Lautgetreuen abweichende Schreibungen erschließen kann:

1.5.1 Ableitung bei t-Signal

Die wichtigste Strategie ist die Ableitung bei t-Signal. Das *t* in der Flexionsendung eines Verbs ist das Signal, die Grundform zu bilden, um die Schreibung zu überprüfen und eventuell zu korrigieren. Diese Strategie ist besonders leicht einzuführen, weil es ein sichtbares Signal gibt, nämlich das *t* in der Endung, das einen an diese notwendige Überprüfung erinnert. Wenn die Kinder die Regel »*i* am Silbenende meist als *ie*« kennen, entgeht ihnen kein *ie* in den Verben mehr. Wenn sie beim Sprechen zwischen stimmhaftem und stimmlosem s-Laut unterscheiden, erkennen sie durch die Grundform das *ß*. Doppelte Mitlaute, *d*, *b*, *g* und das silbentrennende *h* werden in der Grundform in Rechtschreibsprache deutlich hörbar.

1.5.2 Wörter verlängern

Beim Verlängern der Wörter bietet nur noch die Auslautverhärtung ein sichtbares Signal, diese Strategie anzuwenden, weshalb es sinnvoll ist, sie an Wörtern mit Auslautverhärtung einzuführen. Dort gelten die Buchstaben *b/p*, *d/t* und *g/k* als Signal – genannt Peteka-Signal –, um durch Verlängerung die Schreibweise zu überprüfen. Auch ein s-Laut am Wortende kann als Signal genommen werden, um auf die notwendige Verlängerung hinzuweisen. Da dies aber häufig bei Wörtern vorkommt, die die Schüler/innen ohnehin schon sicher schreiben, kann man hier ein weiteres Signal für eine notwendige Verlängerung einführen, nämlich die eigene Unsicherheit. Diese ist auch das Signal, um Doppelkonsonanten und silbentrennendes *h* durch Verlängerung zu erkennen.

Weithin unbekannt ist, dass man Verben ohne *t* in der Endung anders behandeln muss als Verben mit t-Signal. Viele Verben haben auch in den Vergangenheitsformen ein *t* in der Endung, wie etwa *er zeigte, wir erschreckten ihn*. Hier kann man durch das Bilden der Grundform die Schreibung überprüfen. Starke Verben hingegen zeichnen sich dadurch aus, dass sie einen eigenen Imperfekt-Stamm haben, der in seiner Schreibung oft deutlich vom Präsens-Stamm abweicht. Das Wort *kommen* etwa hat in der Vergangenheitsform nur ein *m*, während *er pfiff* in der Präsensform nur ein *f* enthält. Diese starken Verben haben in der Vergangenheitsform allerdings auch kein *t* in der Endung. Solche Verben können durch Bilden der Wir-Form in ihrer Schreibung überprüft werden, zum Beispiel kann durch die Ableitung *er saß – wir sa·ßen* das *ß* erkannt werden, während die Grundform *sitzen* nichts darüber verrät. Das *g* in *er zog* kann in der Grundform nicht erkannt werden, wohl aber in der Wir-Form *wir zogen*.

Wenn ich dieses Phänomen auf Lehrerfortbildungen erkläre, schlagen manche Lehrkräfte vor, doch immer die Wir-Form zur Ableitung zu bilden. In der Vergangenheitsform wird aber bei Verben mit t-Signal die Schreibung in der Wir-Form nicht deutlicher, da auch diese das *t* in der Endung hat: *er kannte – wir kannten*. Wenn man stattdessen die Wir-Form im Präsens nimmt, hat man bei den starken Verben dasselbe Problem wie bei der Verwendung der Grundform: *er saß – wir sitzen*. Für die Schüler/innen ist also die Unterscheidung nötig: »Bei Verben mit t-Signal die Grundform bilden, bei Verben ohne t-Signal die Wir-Form.«

1.5.3 Wörter auseinandernehmen und den ersten Teil verlängern

Die dritte große Strategie ist das Auseinandernehmen der Wörter, um dann durch Verlängerung des Wortstammes die Schreibung zu überprüfen. Sie führt auf das eigentliche orthografische Prinzip unserer Buchstabenschrift hin, das für die meisten nicht rein lautgetreuen Schreibungen verantwortlich ist, nämlich das morphemorientierte Schreiben. Kompetente Schreiber analysieren bei komplexeren Wörtern die einzelnen Morpheme und erkennen dadurch nicht nur im Wortstamm ein ihnen meist längst bekanntes Wort wieder, sondern auch die Rechtschreibbesonderheiten, die manche Vor- oder Endbausteine bereithalten, wie etwa das *v* bei *Sonntagabendvorstellung*. Das Auseinandernehmen der Wörter ist quasi die Hinführung zu dieser Morphemanalyse.

Auch diese Strategie kann man sinnvollerweise an dem Peteka-Signal, also an der Auslautverhärtung einführen – nur mit dem Unterschied, dass diese Signalbuchstaben jetzt nicht mehr nur am Ende eines Wortes, sondern auch am Ende einer Silbe als Hinweis genommen werden, um die Schreibung zu überprüfen, immer verbunden mit der Grundregel: »Ein *b*, *d* oder *g* am Ende einer Silbe darf ich nur schreiben, wenn ich es durch Ableitung hörbar machen kann.« Gelegentlich führt eine solche Prüfung auch dazu, dass die Kinder zwar kein infrage stehendes *b*, *d* oder *g* erkennen, stattdessen aber ein Doppel-*p*, Doppel-*t* oder ein *ck*. Damit kann man dann deutlich machen, dass diese Art Prüfung eine gute Hilfe bei vielen Unsicherheiten ist.

1.5.4 Merkwörter einprägen

In der vierten Spalte der Tabelle sieht man, dass es zu jedem der Rechtschreibphänomene auch Wörter gibt, die nicht abgeleitet werden können und deshalb einfach gelernt werden müssen. Bei der Doppelung und der Auslautverhärtung sind das nur wenige Wörter. Beim *h* nach einem Vokal hingegen ist die Möglichkeit, das *h* durch Ableitung hörbar zu machen, eher die Ausnahme, sodass die Wörter mit h als Längenzeichen einfach als Merkschreibung gelernt werden müssen.

Eine Ausnahme bildet das *ä* als Rechtschreibphänomen, das in der letzten Zeile der Tabelle aufgeführt ist. Wenn man bei Verben mit t-Signal die Grundform bildet, führt das nur manchmal zum Erkennen der ä-Schreibung. Häufig muss man von der Grundform des Verbs noch auf ein weiteres verwandtes Wort schließen, weil auch die Grundform mit *ä* oder *äu* geschrieben wird. Und während bei Wörtern mit *äu*, wie etwa *er träumt* oder *er räumt auf*, die Verbindung noch relativ leicht zu erkennen ist, ist die Verbindung von *ärgern* zu *arg* kaum noch spontan zu erkennen. Auch die Verlängerungsstrategie funktioniert bei den ä-Wörtern nicht wirklich; hier muss man eher verkürzen. Bei Wörtern im Plural muss man den Singular mitdenken (*Gräser – Gras*), bei gesteigerten Adjektiven die Grundform (*länger – lang*). Und selbst wenn man bei komplexeren Wörtern die Bausteinanalyse durchführt, kommt man nicht immer auf die Verwandtschaft zu einem Wort mit *a*, wenn man nicht schon weiß, dass das Wort mit *ä* geschrieben wird. Dass *häufig* etwas mit *Haufen* zu tun hat und *spärlich* mit *sparen* ist vielen Schreibern neu, obwohl sie diese Wörter selbstverständlich mit *ä* schreiben. Auch hier ist also der Anteil an Merkwörtern relativ hoch, wobei die Ableitung erfahrungsgemäß für manche Schüler/innen eine hilfreiche Gedächtnisstütze sein kann, für andere aber nicht.

2. Der Aufbau der Fähigkeit, lautgetreu zu schreiben

2.1 Die ersten Abhörübungen als Beginn des Rechtschreibunterrichts

Die grundlegende Schreibstrategie, die dem Wesen unserer Buchstabenschrift entspricht, ist die Fähigkeit, Wörter zu sprechen und vom Klang her in eine Buchstabenfolge zu übersetzen. Dabei wird die das Wort konstituierende Lautfolge zwar über das Gehör wahrgenommen, aber beim Schreiben wird das Wort dann gesprochen und von der eigenen Sprache her aufgeschrieben. Dies kann man daran feststellen, dass Schüler/innen immer wieder mundartlich bedingte Fehler produzieren, auch wenn die Lehrkraft ihnen das Wort in der Hochsprache diktiert hat. Das heißt, der eigentliche Vorgang beim Schreiben ist nicht das Hören der Laute im Wort, wenn es jemand vorspricht, sondern das Hören der Laute und gleichzeitige »Abfühlen« der eigenen Artikulation beim Sprechen des Wortes. Im ersten Schuljahr kann man das sehr gut beobachten, denn dort müssen die Kinder beim Schreiben noch halblaut vor sich hinsprechen. Wenn man das unterbindet, haben viele Kinder erhebliche Schwierigkeiten, Wörter zu schreiben – es sei denn, sie können sie irgendwo abschreiben.

Die Fähigkeit, Wörter auf ihre Lautfolge hin abzuhören und »abzufühlen«, muss von den ersten Wochen des ersten Schuljahres an trainiert werden. Von daher ist es falsch, zu glauben, der Rechtschreibunterricht beginne erst mit dem zweiten Schuljahr. Faktisch beginnt er mit den ersten Abhörübungen im ersten Schuljahr, bei denen die Kinder versuchen, einzelne Laute in einem Wortganzen oder sogar schon in einer Silbe zu erkennen. Wie gut die Kinder schließlich das Analysieren der die Wörter konstituierenden Lautfolgen erlernen, hängt stark von der Sorgfalt der Anleitung ab.

In jeder ersten Klasse gibt es Kinder, die keinerlei Probleme mit der Lautanalyse haben. Andere verstehen zunächst gar nicht, was man von ihnen will. Denn sie können zwar sprechen und gebrauchen damit ständig die Laute unserer Sprache, aber sie haben die Wörter als Bewegungsengramme gelernt. Dass man den Klang eines Wortes in Einzellaute zerlegen kann, ist ihnen noch gar nicht bewusst. Deshalb wird das Aufgliedern von Wörtern in ihre einzelnen Silben von Anfang an sorgfältig geübt, unterstützt durch weit ausholende Bewegungen. Dadurch lernen die Kinder zunächst einmal, auf den Klang der Sprache und nicht nur auf deren Inhalt zu achten, außerdem wird so das spätere sorgfältige silbenweise Sprechen beim Gebrauch der Rechtschreibsprache vorbereitet.

Weil manche Kinder noch gar keinen Zugang zu einer bewussten Phonemanalyse haben, gehört es zu einem sorgfältigen Anfangsunterricht, dass man bei der Einführung der ersten Buchstaben ganz genau erarbeitet, was denn der Mund tut, wenn er den zu dem Buchstaben gehörenden Laut spricht. Dies wird bei den anderen beobachtet, mit einem Handspiegel an sich selbst, und es wird genau besprochen, wie es sich denn anfühlt, wenn der Mund diesen Laut spricht – etwa das Gefühl, wenn die Lippen beim /m/ aufeinanderliegen, die Zungenspitze beim /l/ an die oberen Schneidezähne stößt, oder das Gefühl im Hals beim /r/. Es wird herumexperimentiert, zum Beispiel, dass man das /n/ nicht sprechen kann, wenn man sich die Nase zuhält, weil nämlich der Zungenrand so am oberen Gaumen hinter den Zähnen anliegt, dass keine Luft hindurchkann. Und schließlich wird zumindest bei den ersten acht bis zehn eingeführten Buchstaben diese Artikulationswahrnehmung durch ein Handzeichen unterstützt, sodass die Artikulation für die Kinder quasi mit der Hand begreifbar wird.

Wenn die Kinder parallel dazu gelernt haben, die Silben zu einem gesprochenen Wort als Bögen aufzumalen, können sie anschließend jede Silbe einzeln sorgfältig sprechen, die Hand zum Handzeichen bereit machen und erfühlen, ob der neu gelernte Buchstabe in dieser Silbe enthalten ist, ob der Mund den gesuchten Laut formt, um dann gegebenenfalls den entsprechenden Buchstaben in den Silbenbogen einzutragen. Auf diese Weise wird auch bei den sprachlich noch nicht so weit entwickelten Kindern das Entstehen der phonologischen Bewusstheit intensiv gefördert.

2.2 Das Erlernen des rhythmisch-synchronen Sprechschreibens

Die sicherste Weiterführung dieser Abhörübungen, das heißt die Methode, bei der die Schüler/innen völlig auf das Abhören und »Abfühlen« der Lautfolge eines artikulierten Wortes angewiesen sind und daher diese Strategie am ehesten erlernen, ist es, sie einzelne Silben oder auch schon ganze Wörter aufschreiben zu lassen, die ihnen nicht vorher schriftlich vorgegeben wurden.

Zu Beginn des Schreibenlernens ist diese Handlung noch in viele einzelne Schritte unterteilt: Die Kinder sprechen das Wort vor sich hin und achten auf den ersten Laut. Dann überlegen sie, welcher Buchstabe zu diesem Laut gehört, schreiben ihn hin und geben dabei der Hand zumindest in Gedanken Formbefehle (»N – rauf, runter, rauf«). Danach wird das Wort noch einmal gesprochen und auf den zweiten Laut geachtet, der wieder in einer genauso weit entfalteten Handlung zu Papier gebracht wird. Mit dem Erlernen der Schreibschrift wird es wichtig, dass die Kinder diese ausführliche Abhörstrategie verkürzen und das rhythmisch-synchrone Sprechschreiben erlernen.

Rhythmisch-synchrones Sprechschreiben heißt, dass die Kinder die Wörter, die sie schreiben wollen, langsam und ganz klar in Silben gegliedert aussprechen und gleichzeitig silbenweise mitschreiben. Die Aussprache reicht, um die Laut-Buchstaben-Verbindung zu aktivieren. All die einzelnen Handlungen,

- das Aussprechen des Wortes in der Rechtschreibsprache,
- das Identifizieren des Einzellauts,
- das Suchen des entsprechenden Buchstabens und
- das Steuern der Schreibhand zur Darstellung des Buchstabens

sind quasi zu einer einzigen übergeordneten Handlungseinheit verschmolzen. Erst wenn das geschehen ist und diese übergeordnete Handlungseinheit so weit automatisiert ist, dass sie mit einer gewissen Leichtigkeit vollzogen wird, wird genug Aufmerksamkeitskapazität frei, um auch übergeordnete Rechtschreibstrategien anzuwenden. Jeder Versuch, den Schüler/innen über Regeln eine bessere Rechtschreibung beizubringen, bevor die lautgetreue Schreibung gefestigt ist, ist sinnlos. Die Kinder sind noch gar nicht frei für übergeordnete Regelanwendungen. Und wenn sie es doch probieren, wird so viel Aufmerksamkeit von der Grundstrategie abgezogen, dass sich die sogenannten Flüchtigkeitsfehler häufen und die Umwelt glaubt, das Kind habe Konzentrationsstörungen.

Im zweiten Schuljahr wird man also darauf hinarbeiten, dass die Schüler/innen die Wörter nicht nur orthografisch richtig zu Papier bringen, sondern dass sie dabei auch die Strategie des rhythmisch-synchronen Sprechschreibens anwenden. Dafür üben die Kinder zunächst, beim Schreiben des neuen Schreibschriftbuchstabens auch den dazugehörenden Laut zu sprechen. Wenn sie dann mehrere Buchstaben zu einer Silbe verbinden, üben sie nicht nur die grafische Verbindung zwischen den beiden Buchstaben, sondern auch, die Silbe, die sie gerade schreiben, genau synchron mitzusprechen. Und wenn sie auf diese Weise ganze mehrsilbige Wörter zu Papier bringen, üben sie auch, die Silben so klar zu trennen, dass man in der Pause wirklich nichts hört, sodass doppelte Mitlaute an der Silbenfuge auch doppelt hörbar werden.

Allerdings führt dieses Training allein nicht bei allen Kindern automatisch zu der gewünschten Fähigkeit, lautgetreu zu schreiben. Bei einigen bleibt das Abhören lange Zeit rudimentär und fehlerhaft, bei anderen führt ein zu langes Verweilen bei der reinen Abhörstrategie zu Verwirrung und Verunsicherung über den wirklichen Zusammenhang zwischen Lautsprache und Schriftsprache. Zwei Komponenten müssen hinzukommen, um eine sichere Grundlage für die Rechtschreibung aufzubauen, nämlich das Erlernen der Rechtschreibsprache und das Entwickeln einer Sicherheit darüber, welches die lautgetreue Verschriftlichung eines Lautes ist.

2.3 Das Erlernen der Rechtschreibsprache

Den Übersetzungsprozess von der Umgangssprache in die Rechtschreibsprache haben die Schüler/innen hoffentlich schon beim ersten Lesen vielfältig geübt. Dort werden die ersten Wörter ja in der Regel von der Lehrkraft oder einem geübten Leser vorgelesen. Sobald die Kinder sämtliche Buchstaben eines Wortes kennen, können sie bei vorgelesenen Wörtern anschließend »beweisen«, dass das Wort wirklich so heißt. Dazu müssen sie das Wort ganz langsam und in Silben gegliedert sprechen und zu jedem Laut, den sie gerade sprechen, den dazugehörigen Buchstaben zeigen. Dieses »Beweislesen« ist auch dann nötig, wenn ein Kind ein Wort mehr aus den Anfangsbuchstaben erraten als wirklich synthetisch erlesen hat, oder auch bei zunächst falsch gelesenen Wörtern. Umgekehrt wird dieser Übersetzungsprozess auch geübt, wenn einem synthetisch erlesenen Wort anschließend der umgangssprachliche Klang und der Sinn zugeordnet werden.

Darüber hinaus ist es auch sinnvoll, diesen Wechsel zwischen Umgangs- und Rechtschreibsprache ab Mitte des ersten Schuljahres klar zu thematisieren: »Wie muss man das Wort sprechen, um es richtig zu schreiben?« Wenn kein Schüler das weiß, weil die Kinder noch zu wenig Leseerfahrung haben, dann kann es durchaus sinnvoll sein, zunächst die Rechtschreibsprache an dem schriftlich vorgegebenen Wort zu erarbeiten. Durch die Tatsache, dass die Kinder die Lautanalyse lange genug geübt haben, sind sie nicht mehr in Gefahr, sich die Wörter als Buchstabenfolge zu merken und diese ohne Anwendung der Grundstrategie zu Papier zu bringen. Sie lernen nun an der Buchstabenfolge die der Verschriftlichung zugrunde liegende Lautstruktur des Wortes, um diese dann in eine Buchstabenfolge zu übersetzen.

Bei manchen Schüler/innen wird man beobachten, dass sie große Schwierigkeiten haben, ihre Artikulation genau entlang der Buchstabenfolge zu lenken. Diese Kinder hatten wahrscheinlich Sprachentwicklungsstörungen und haben häufig schon eine logopädische Förderung hinter sich. Wenn man sich die Zeit nimmt, mit ihnen diese besondere Aussprache immer wieder zu üben, tut man viel für eine positive Allgemeinentwicklung dieser Kinder, denn die mündliche Sprache wird klarer, sie machen auf andere einen besseren Eindruck und kommen so auch besser bei anderen an. Insofern ist der Rechtschreibunterricht auch sprachbildender Unterricht, bei dem die Artikulation trainiert und der Phonembestand der Wörter geklärt wird, sodass er sehr zu einer klar verständlichen mündlichen Sprache beiträgt.

Für manche Kinder, die mit der Lautanalyse noch Schwierigkeiten haben, ist das schriftlich vorgegebene Wort auch die Vergegenständlichung, anhand derer sie sich Nuancen unterschiedlicher Aussprache, etwa bei »Schein« und »Schwein«, erarbeiten und sich dieser besser gewahr werden. Für viele andere Kinder ist der genaue Vergleich der Buchstabenfolge mit der eigenen Artikulation dringend nötig, um zu erkennen, welche der Lautnuancen eines Wortes noch geschrieben werden und welche nicht. Denn wir Erwachsenen hören manche Gleitlaute, die bei der Aussprache entstehen, nicht mehr.

So kann man in der zweiten Hälfte des ersten Schuljahres etwa Schreibungen wie **Ferau* für *Frau* oder **Feujer* für *Feuer* begegnen, was von sehr genauem Hinhören auf die Lautfolge des Wortes zeugt. Streicht man das Niederschreiben der entsprechenden Buchstaben einfach nur als Fehler an, so kann man die Schüler/innen stark verwirren und die Entwicklung der Rechtschreibfähigkeit gefährden, weil sie denken, sie würden nicht richtig hören. Aber der Hinweis auf die Rechtschreibsprache klärt für die Kinder, dass ihr »Fehler« nicht auf mangelnder Hörfähigkeit, sondern auf mangelnder Kenntnis dieser Rechtschreibsprache beruht.

Für die Rechtschreibsprache gelten einige besondere Regeln: Die Wörter werden beim Schreiben so stark in Silben gegliedert, dass zwischen den Silben nichts zu hören ist. Dadurch werden doppelte Mitlaute an der Silbenfuge doppelt gesprochen. Bei den dauerhaft sprechbaren Konsonanten wie /m/ oder /r/ geschieht das weitgehend spontan, wenn das Sprechen in Silben in einer anfänglichen Übungsphase häufig mit ganzkörperlichen Bewegungen, z. B. dem Silbenschwingen, verbunden wurde. Bei den nicht dauerhaft sprechbaren Konsonanten, den Plosivlauten, muss man darauf achten, dass bei Doppelkonsonanten an der Silbenfuge auch der erste Konsonant richtig hörbar ausgesprochen wird. Das gilt auch für das *ck*, das ja aus Doppel-k entstanden ist. Auch wenn es in Texten nicht mehr getrennt werden darf, wird es in der Rechtschreibsprache als Doppel-k gesprochen, und beim silbenweisen Schreiben wird zwischen dem *c* und dem *k* eine Pause gemacht.

Gelegentlich wird eingewandt, dann müssten die Kinder ja für jedes Wort erst einmal die Rechtschreibsprache lernen, und das sei doch sehr mühsam. Aber so schlimm ist es nicht, denn diese Rechtschreibsprache lernen die Kinder weitgehend beim Lesen, wenn sie eine günstige Lesestrategie haben. Sie übersetzen beim Lesen eine Buchstabenfolge synthetisierend in eine Lautfolge und erhalten dann eine Wortvorform, die weder der Umgangssprache noch der hochdeutschen Aussprache des Wortes entspricht, aber schon weitgehend der Rechtschreibsprache. Damit diese Lautung allerdings später für das Rechtschreiben zur Verfügung steht, müssen die Kinder dieser Wortvorform in einem nächsten Schritt den Sinn und den umgangssprachlichen Klang zuordnen. Dann wissen sie, wo sie diese etwas verzerrte Klangfolge speichern können, und aktivieren, wenn sie dieses Wort schreiben wollen, automatisch diese Klangfolge für die Verschriftlichung. Wenn ausreichend geübt wurde, schaffen sie auch, die Silbengliederung aus der Umgangssprache auf dieses besonders ausgesprochene Wort zu übertragen, und haben damit die ideale lautsprachliche Grundlage für die Verschriftlichung des Wortes – die Rechtschreibsprache.

Wenn sie lesen lernen, sind die Schüler/innen noch so stark im Prozess des Sprechenlernens, dass sie sich ständig Wörter mitsamt Klang und Artikulation im Kommunikationsprozess einprägen. Dieser Vorgang vollzieht sich unbewusst und ohne weitere Anstrengungen auch während des Erlesens von Wörtern. Umgekehrt entwickeln die Kinder allmählich selbstständig – und wieder unbewusst – eigene Übersetzungsregeln zwischen ihrer Umgangssprache und der Rechtschreibsprache. Diese spontan entwickelten Übersetzungsregeln führen manchmal zu Fehlern, weil sie übergeneralisiert werden. So kann man in Gegenden, in denen ein *r* nach einem *a* nicht deutlich gesprochen wird, in denen die Wörter *waten* und *warten* also gleich klingen, bei vielen Kindern beobachten, dass sie in einem bestimmten Lernstadium auch **Larterne* und **Karpuze* schreiben, weil sie dieses Hörbarmachen des /r/ in der Rechtschreibsprache übergeneralisieren. Hier muss man dann am schriftlich vorgegebenen Wort zeigen, dass bei diesem Wort kein /r/ nach dem *a* gesprochen werden darf.

Schwierigkeiten haben allerdings die Schüler/innen, die aus welchen Gründen auch immer eine ungünstige Lesestrategie entwickelt haben, sodass sie entweder die Wörter nicht wirklich synthetisch erlesen, bevor sie ihnen Sinn und umgangssprachlichen Klang zuordnen, oder beim Leseprozess in der Lesesynthese stecken bleiben, ohne dass Sinn und Normalklang zugeordnet werden. Diese Kinder müssen in der Tat die Rechtschreibsprache der Wörter erst mühsam erlernen.

2.4 Förderung der Sicherheit in der Wahl des richtigen Buchstabens

Neben dem Erlernen der Rechtschreibsprache ist es nötig, dass die Schüler/innen eine klare Orientierung in den mehrdeutigen Phonem-Graphem-Korrespondenzen bekommen. Wenn sie anhand der schriftlich vorgegebenen Wörter die Aussprache von *schwer*, *sehr* und *leer* mit der Buchstabenfolge vergleichen und keinerlei orientierende Hinweise bekommen, können sie verunsichert werden, da das lange /e:/ auf drei verschiedene Arten dargestellt wird und sie nicht wissen, wann sie welche Verschriftlichung wählen sollen. Noch schlimmer wird es, wenn sie auch noch »erklärt« bekommen, das *h* mache das *e* lang. Dann werden sie glauben, das *e* in *schwer* sei nicht lang und sie könnten das nur nicht eindeutig erkennen. Deshalb ist es sehr wichtig, als Lehrer/in dafür zu sorgen, dass die Kinder bei ihrer Verschriftlichung der Wörter eine intuitive Sicherheit über die häufigste graphemische Alternative entwickeln.

Dies geschieht dadurch, dass beim Vergleich von Artikulation und Buchstabenfolge oder beim Erlernen von Schreibungen jeder Buchstabe, der der lautgetreuen Schreibung entspricht, als selbstverständlich gilt und neben der sorgfältigen Aussprache keiner besonderen Erwähnung bedarf. In all den Fällen aber, in denen ein Laut durch eine seltenere graphemische Alternative dargestellt wird, müssen die Schüler/innen darauf hingewiesen werden, dass man dies nicht hören könne und sich deshalb extra merken müsse. Das Wort *schwer* etwa kann einfach sorgfältig gelesen werden, indem man zu jedem Laut, den man gerade ausspricht, den entsprechenden Buchstaben zeigt. Bei den Wörtern *sehr* und *leer* aber muss zusätzlich erwähnt werden, dass sie etwas Besonderes haben, was man nicht hören kann, dass nämlich das lange /e:/ nicht wie üblich einfach als *e* geschrieben wird, sondern als *eh* bzw. *ee.*

Auch ableitbare Schreibungen müssen benannt und mit einem zweiteiligen kognitiven Zusatz versehen werden (vgl. S. 15), um die Entwicklung einer sicheren Laut-Buchstaben-Beziehung nicht zu stören. Dazu gehören auch die von Regeln ableitbaren Schreibungen – die Großschreibung beispielsweise kann man nicht hören, sondern nur aus Regeln ableiten. Man hilft den Schüler/innen, wenn man die Großschreibung kurz begründet und damit die Sicherheit stärkt, dass die Wörter ohne solch eine Begründung kleingeschrieben werden. So wird das Erlernen der lautgetreuen Schreibung auch durch jedes nicht lautgetreue Wort gestützt und gleichzeitig das Erlernen übergeordneter Rechtschreibregeln vorbereitet.

Wenn die Schüler/innen die lautgetreue Schreibung beherrschen, können sie etwa die Hälfte aller Wörter ohne größeren Gedächtnisaufwand niederschreiben. Das heißt, bei etwa 150 000 Wörtern und Wortformen brauchen sie nichts weiter zu tun, als das Wort deutlich in der Rechtschreibsprache auszusprechen und in die lautgetreue Buchstabenfolge zu übersetzen.

Das Zeichen dafür, dass die Schüler/innen die lautgetreue Schreibung ausreichend geübt und automatisiert haben, ist die Fähigkeit zum rhythmisch-synchronen Sprechschreiben. Manche Kinder brauchen etwas länger, bis sie diese grundlegende Schreibstrategie gelernt haben. Eine Verfrühung darauf aufbauender Rechtschreibstrategien birgt allerdings die Gefahr, dass solche Kinder dann gar keine Fortschritte mehr machen und zu rechtschreibschwachen Kindern werden.

Wenn die Schüler/innen die lautgetreue Schreibung schließlich beherrschen, so heißt das noch nicht, dass sie jedes lautgetreue Wort automatisch richtig schreiben. Der Prozess, dass für immer neue Wörter erst einmal die Rechtschreibsprache anhand der Buchstabenfolge erlernt werden muss, ist in der Regel auch am Ende der Schulzeit nicht abgeschlossen und setzt sich während der Berufsausbildung fort.

Dafür spielt ein geglückter Leselernprozess eine entscheidende Rolle. Kinder, die gelernt haben, sich Wörter synthetisch zu erlesen und das Lesen eines Wortes erst als abgeschlossen zu betrachten, wenn sie ihnen den Sinn und damit implizit den umgangssprachlichen Klang zugeordnet haben, erwerben beim Lesen das der Schriftsprache zugrunde liegende Lautsystem, also die Rechtschreibsprache. Wenn sie zusätzlich noch zum Lesen motiviert sind und viel lesen, macht ihnen die Rechtschreibung kaum Schwierigkeiten. Wenn Kinder sich beim Lesen aber die Wörter aus dem Kontext erschließen, ohne sie genau zu synthetisieren, sie weitgehend ganzheitlich speichern und nur an wesentlichen Merkmalen wiedererkennen, nützt ihnen auch häufiges Lesen nichts. Sie müssen sich die Rechtschreibsprache bei vielen Wörtern einzeln erarbeiten. Daher sind gerade intelligente Kinder eher in Gefahr, eine Rechtschreibschwäche zu entwickeln, obwohl sie gut lesen können, weil sie in der Lage sind, sich den Sinn der Wörter aus dem Kontext zu erschließen, ohne die Wörter mühsam synthetisch zu erlesen.

3. Der Rahmen für das Erlernen der Rechtschreibung in der Grundschule

3.1 Freies Schreiben als Mittel zum Rechtschreiblernen

Das Schreiben kann viele sehr unterschiedliche Funktionen haben. Eine ganz wesentliche Funktion ist, sich anderen mitzuteilen, und zwar in einer dauerhafteren Form, als dies mit der mündlichen Sprache möglich ist. Für die meisten Kinder ist diese Funktion der Schrift die wesentliche Motivation, sie zu erlernen. Je früher man den Schüler/innen erlaubt, die Schrift in dieser Weise in Gebrauch zu nehmen, desto früher können die Kinder motiviert werden und desto weniger müssen sekundäre Motivationen strapaziert werden.

Die Motivation der Kinder kann also ganz entscheidend gefördert werden, wenn die Schule ihnen viele Gelegenheiten schafft, im freien Schreiben eigene Inhalte zu Papier zu bringen, die dann von anderen gelesen werden. Die Aufgabe der Lehrkraft ist dabei einerseits, die Kinder zu Mitteilungen anzuregen, ihnen zu helfen, Inhalte und Themen zu finden, über die sie gerne etwas schreiben wollen, andererseits, ihnen genügend Zeit zur Verfügung zu stellen, damit sie ihre Mitteilungen zu Papier bringen können, und schließlich dafür zu sorgen, dass diese Mitteilungen auch gelesen werden.

Sehr häufig haben Lehrer/innen das Gefühl, sie hätten für das freie Schreiben keine Zeit, weil die Schüler/innen dann zu wenig im Rechtschreiben lernen würden. Faktisch aber ist das freie Schreiben die weitaus beste Grundlage zum Erlernen der Rechtschreibung:

- Während die Kinder auf einen Inhalt hin konzentriert und motiviert sind, ihn niederzuschreiben, üben und automatisieren sie quasi nebenbei das Abhören der Wörter auf ihre Lautfolge und das Übersetzen dieser Lautfolge in eine Buchstabenfolge. Häufig ist das, was zu Papier gebracht wurde, noch nicht lautgetreu, weil die Kinder dem Schreibprozess ihre Umgangssprache und nicht die Rechtschreibsprache zugrunde legen. Trotzdem ist diese Tätigkeit für das Rechtschreiben sehr nützlich, denn dabei wird das Übersetzen einer Lautfolge in eine Buchstabenfolge so stark trainiert, dass es immer mehr automatisiert und allmählich verinnerlicht wird, mit immer weniger Konzentrationsaufwand vollzogen werden kann und schließlich die Aufmerksamkeit für kompliziertere Rechtschreibprozesse freigibt.
- Ziel des freien Schreibens ist die Ausrichtung auf einen Leser. Damit wird die unterste Stufe des Rechtschreibens, das lautgetreue Schreiben, eine Notwendigkeit, denn ungeübte Leser können häufig Texte, die nicht lautgetreu geschrieben sind, nicht verstehen. Aber auch die Rechtschreibbesonderheiten haben ihre Funktion,

denn sie sind eine Lesehilfe für den kompetenten Leser: Je weitgehender der Text in der üblichen Orthografie geschrieben ist, desto müheloser kann er gelesen werden. Von daher können die Kinder sinnvoll zu Korrekturen an ihren Texten motiviert werden.

- Da die Kinder ihre eigenen Texte verfassen, üben sie das Rechtschreiben genau an den Wörtern, die sie häufig gebrauchen und die ihnen wichtig sind, die also ihrem Interessenbereich entstammen. Die Motivation, diese Wörter zu lernen, dürfte weit höher sein als bei Wörtern, die vom Lehrer vorgegeben sind, aber die Schüler/innen nur wenig betreffen.

Es gibt vielfältige Möglichkeiten, wie man das Rechtschreiblernen aus dem freien Schreiben heraus entwickeln kann. Möglich ist z. B. folgendes Vorgehen:

- Zunächst bringen die Schüler/innen ihre Texte völlig ungestört und natürlich fehlerhaft zu Papier. Kinder, die sehr unwillig werden, wenn sie den Text nach einer Korrektur noch einmal abschreiben müssen, kann man anleiten, nur jede zweite Zeile zu beschreiben, sodass falsche Wörter durchgestrichen und darüber richtig geschrieben werden können.
- Sobald ein Kind einen Text fertig geschrieben hat, zeigt es ihn der Lehrkraft. Diese spricht zunächst inhaltlich mit dem Kind über das Geschriebene und freut sich darüber. Dann kennzeichnet sie, was richtig geschrieben wurde, z. B. indem sie alle richtig geschriebenen Wörter unterstreicht. Für manche Schüler/innen ist es günstiger, wenn die Lehrkraft fragt, wie viele Stellen sie denn bereit sind, höchstens zu korrigieren. Denn es gibt Kinder, die eine zu aufwendige Korrektur ihres Textes emotional nicht aushalten, und darauf muss Rücksicht genommen werden, um ihre Schreibmotivation nicht zu zerstören.
- Nun werden zuerst die Wörter besprochen, bei denen die Schreibung nicht einmal den Wortklang wiedergibt, also wenn das Kind beispielsweise für *Bundeswehr* **Bonizwea* geschrieben hat. Die Lehrkraft schreibt das falsch geschriebene Wort oder die Wendung in richtiger Orthografie auf einen Zettel. Das Kind erliest es, kennzeichnet die Sprecheinheiten durch Bögen und spricht das Wort dabei in Rechtschreibsprache aus. Anschließend versucht es, das Wort auch auswendig in Rechtschreibsprache zu sprechen und die Bögen dabei in der Luft zu schwingen. Die Lehrkraft kontrolliert die Aussprache und verweist das Kind so oft auf das Geschriebene, bis es wirklich genau genug gelesen und die Aussprache gespeichert hat. Gegebenenfalls werden dann noch Rechtschreibbesonderheiten besprochen.
- Ganz wichtig ist dann, dass das Kind das Wort nicht einfach vom Zettel der Lehrkraft abschreibt, sondern es anhand seiner neu erlernten Rechtschreibsprache selbstständig aufschreibt. Sonst bleibt der erwünschte Lerneffekt aus.
- Es ist durchaus möglich, dass die Kraft der Kinder mit dieser Korrektur schon erschöpft ist. Dann genügt diese Korrektur auch, denn schließlich ist das orthografisch richtige Schreiben nur eine Lesehilfe, quasi eine Art Höflichkeit dem Leser gegenüber, mehr nicht. Jeder Mensch ist auch einmal unhöflich, wenn die gefor-

derte Höflichkeit über seine Kräfte gehen oder ihm selbst schaden würde. Ein Beharren auf Fehlerlosigkeit könnte die Motivation der Schüler/innen zum Schreiben zerstören und ihnen so dauerhaften Schaden zufügen. Schließlich wissen sie ohnehin, welche Wörter noch nicht richtig geschrieben sind, denn die Lehrkraft hat sie ja entsprechend gekennzeichnet. Auch der Mut zu Fehlern ist eine Tugend, die unsere Gesellschaft dringend braucht!

- Sehr häufig aber sind die Schüler/innen durchaus erpicht darauf, ihre Texte oder zumindest die ihnen wichtigen Wörter »mit Lesehilfe«, also orthografisch richtig zu schreiben. In diesem Fall zeigt die Lehrkraft dem Kind weitere Wörter, die nicht richtig geschrieben sind, bespricht mit ihm die Schreibweise und nennt die kognitiven Zusätze, soweit sinnvoll, mit Regelbezug. Die Lehrkraft oder das Kind kann nun entscheiden, ob es die Wörter schon durch das Besprechen richtig schreiben kann und welche Wörter ihm die Lehrkraft auf einem Zettel vorschreibt und mitgibt. Die Korrektur im Heft wird von den Schüler/innen selbstständig an ihrem Platz durchgeführt. Auf diese Weise müssen sie die Schreibweise der Wörter noch einmal in Ruhe rekapitulieren, was den Lerneffekt sehr erhöht.
- Wie dann mit den Geschichten weiter verfahren wird, ob sie vorgelesen, in dieser Form im Klassenzimmer ausgehängt oder sauber in ein Geschichtenheft für die Eltern oder ein »Klassen-Buch« geschrieben werden, ist eine Frage des Aufsatzunterrichts.
- Für das Rechtschreiblernen bleibt ein weiterer Schritt zu tun: Das Kind wählt sich aus seinem Text eine ihm angemessene Anzahl von fehlerhaft geschriebenen Wörtern aus, deren Schreibweise es sich einprägen will. Es ist sinnvoll, wenn die Lehrkraft das Kind berät, welche Wörter z. B. besonders häufig sind und deshalb möglichst gelernt werden sollten oder welche Wörter der Lehrkraft noch zu schwierig erscheinen. Die Entscheidung aber sollte unbedingt beim Kind liegen. Dadurch ist die beste Motivation gewährleistet, und das Kind lernt außerdem, seinen Rechtschreiblernprozess selbstständig zu steuern. Und was schadet es schon, wenn das Kind die häufigsten Wörter nicht übt? Es wird die Erfahrung machen, dass es sie beim nächsten Mal wieder falsch schreibt, und schließlich bereit sein, sie zu üben. Oder es wird sie vielleicht durch das wiederholte Korrigieren irgendwann richtig schreiben. Ebenso wird es, wenn es ein besonders schwieriges Wort wählt, merken, wie mühsam es ist, dieses Wort zu lernen, und das nächste Mal solche Wörter meiden. Oder es wird das Wort trotzdem lernen und besonders stolz darauf sein. Auf jeden Fall sollte man solche Erfahrungen nicht verhindern, sondern lieber im Nachhinein darüber reden, um dem Kind bei der sinnvollen Verarbeitung seiner Erfahrungen zu helfen.
- Die vom Kind ausgewählten Lernwörter werden nun entweder in ein Heft oder auf Karteikarten geschrieben. Für die nicht lautgetreuen Stellen werden zusammen mit der Lehrkraft die kognitiven Zusätze formuliert und als Symbol dazugemalt – bei Karteikarten auf die Rückseite, im Heft neben das Wort. Diese Wörter werden nun in eigens dafür vorgesehenen Zeiten geübt (vgl. S. 59). Als Erfolgskontrolle werden zu festgelegten Zeiten die letzten 20 geübten Wörter vom Part-

ner diktiert, um zu sehen, ob das Kind alle Wörter fehlerlos schafft. (Beim Partnerdiktat ist es sinnvoll, dass der Partner die Wörter zunächst einmal laut vorliest und dann erst diktiert, sodass bei Leseschwierigkeiten noch Hilfestellung beim ersten Vorlesen gegeben werden kann.)

Es ist durchaus möglich, diese Art des Aufsatzunterrichts weitgehend zur Grundlage des Rechtschreiblernens zu machen. Die Schüler/innen werden mit Sicherheit genauso viel dabei lernen wie beim Üben der vom Lehrer vorgegebenen Diktate, denn es sind ihre Texte, ihre Wörter. Dadurch ist die Motivation viel höher, und diese beeinflusst ganz entscheidend den Lernerfolg. Viele Kinder würden wahrscheinlich sogar ohne das spezielle Wörterlernen, allein durch das häufige Schreiben von Geschichten, ausreichende Fortschritte in der Entwicklung ihrer Rechtschreibfähigkeit machen. Trotzdem halte ich auch in einem freien Rechtschreibunterricht ein institutionalisiertes Wörterlernen für unabdingbar. Folgende Gründe sprechen dafür:

- Zwar lernen die meisten Kinder das Rechtschreiben allein durch das Geschichtenschreiben, aber nicht alle. Die Kinder mit besonderen Schwierigkeiten im Lesen- und Schreibenlernen sind ihrem Nichtkönnen hilflos ausgeliefert, wenn ihnen beim institutionalisierten Wörterlernen nicht effektive Lerntechniken zur Verfügung stehen, die ihnen helfen, ihre Schwierigkeiten zu überwinden.
- Auch für die meisten anderen Schüler/innen wird irgendwann die Anforderung kommen, dass sie sich gezielt und effektiv die Schreibweise schwieriger Wörter einprägen müssen. Die Lerntechniken, die dafür benötigt werden, kann man ihnen beim institutionalisierten Wörterlernen bewusst vermitteln.
- Außerdem würde mit dem Wörterlernen auch das Erlernen der Regelanwendung in den kognitiven Zusätzen entfallen. Dieses hat aber einen großen Einfluss auf den Erwerb allgemeiner Rechtschreibsicherheit, sodass man darauf nicht verzichten sollte.
- Schließlich geht es beim institutionalisierten Wörterlernen auch darum, dass die Schüler/innen den Zusammenhang zwischen ihrem Arbeitseinsatz und dem Erfolg erfahren und so animiert werden, die Verantwortung für ihren Schulerfolg selbst zu übernehmen. Diese Chance sollte nicht vertan werden.

Ein solcher Rechtschreibunterricht ist natürlich nur durchführbar, wenn die Schüler/innen ihre Geschichten nicht im Gleichschritt schreiben und dann alle zur gleichen Zeit korrigiert werden wollen. Nur wenn sie in ihrem eigenen Tempo arbeiten dürfen, sodass die einen gerade schreiben, während andere sich ein neues Thema suchen und wieder andere ihre Geschichte in ein besonderes Heft übertragen und schön verzieren, können die Kinder mit ihren Korrektur- und Besprechungswünschen zur Lehrkraft kommen und hoffen, dass die Schlange der wartenden Mitschüler/innen nicht zu lang wird. Ein bisschen Geduld allerdings müssen sie dabei wohl lernen. Aber auch das ist eine sinnvolle Lernaufgabe, in die die Lehrkraft die Kinder verständnisvoll einführen kann.

Organisatorisch kann man z.B. zwei der fünf wöchentlichen Deutschstunden für dieses freie Schreiben reservieren. An den anderen drei Tagen werden in den ersten zehn Minuten Wörter geübt, die übrige Zeit steht für andere Aufgaben des Deutschunterrichts zur Verfügung. An einem festgesetzten Wochentag wird alle 14 Tage das Wörterüben durch das Partnerdiktat ersetzt.

3.2 Das Schreiben geübter Diktate als Grundlage des Rechtschreiblernens

Lange war es in der Grundschule üblich, geübte Diktate als Grundlage für das Rechtschreiblernen zu nehmen, und auch heute können sich viele Lehrkräfte davon noch nicht trennen. Diese Methode kann verheerend wirken, wenn sie in ungünstiger Weise angewandt wird, sie kann aber auch eine durchaus sinnvolle Grundlage für das Rechtschreiblernen sein. Ein Nachteil aber lässt sich durch noch so gute methodische Aufbereitung nicht verändern: Die Ausrichtung auf den Leser als eigentliche Motivation für das Rechtschreiben entfällt. Daher muss die im freien Schreiben natürlich gegebene primäre Motivation durch die sekundäre Motivation, durch möglichst wenige Fehler die Anerkennung der Umwelt zu erwerben, ersetzt werden.

Sehr negativ kann sich das Diktatschreiben auswirken, wenn es nicht von einer behutsamen Einführung in die Technik des Wörterlernens begleitet ist. Wenn die Lehrkraft das versäumt, entsteht häufig der weitverbreitete üble Nachhilfeunterricht der Eltern. Das läuft dann so ab: Die Schüler/innen bekommen am Wochenanfang den Diktattext, den sie in der Woche im Unterricht üben und am Wochenende schreiben sollen. Einige Kinder, die »Naturgenies«, schreiben ihn zu Hause einmal ab, prägen sich selbstständig schwierige Wörter ein und können den Text am Ende der Woche fehlerlos schreiben. Für sie ist das Diktatschreiben natürlich kein Problem. Andere erzählen ihren Eltern, dass sie den Text üben müssen. Da weder Kinder noch Eltern wissen, wie man übt, wird der Text abgeschrieben, diktiert, schwierige Wörter noch einmal diktiert, und wenn die Kinder den Text dann noch immer nicht fehlerlos schreiben können, gibt es Ärger und Hysterie. Häufig bringen die Eltern ihren Kindern dabei auch noch falsche Rechtschreibregeln bei. Einige Kinder schaffen auch mit dieser Methode noch gute Ergebnisse, aber andere erfahren nur, dass sie die Wörter immer wieder falsch schreiben, entwickeln Ängste und versagen beim Diktat. Und die Kinder, mit denen zu Hause niemand übt, die aber keine »Naturgenies« sind, bleiben auf jeden Fall auf der Strecke.

Manche Lehrkräfte wollen genau dieses Problem vermeiden. Sie geben den Schüler/innen deshalb am Wochenanfang nicht den Text, damit nicht zu Hause geübt werden kann, sondern bauen die Wörter und Sätze des nächsten Diktates in andere Zusammenhänge ein, sodass sie mehrmals geschrieben und so geübt werden. Damit überlassen sie die Kinder aber völlig hilflos ihren Lernvoraussetzungen. Erfolg und Misserfolg werden damit völlig schicksalhaft, unbeeinflussbar für das Kind. Denn die Kinder, die die Schreibweise eines Wortes nach zweimaligem Schreiben nicht gespeichert haben, können natürlich nicht alles, was in der Woche im Unterricht geschrieben wird, zu Hause noch einmal üben, um ihre schlechteren Lernvoraussetzungen zu kompensieren. In manchen Familien entsteht daher das absurde Ratespiel, dass die Mutter gegen Ende der Woche die Hefte ihres Kindes durchschaut, um zu sehen, welche Wörter es bei mehreren Gelegenheiten geschrieben hat, welche also vermutlich im Diktat drankommen werden. Diese werden dann auf die oben beschriebene Weise zu Hause geübt. Es darf bezweifelt werden, dass dies zu einer wünschenswerten Einstellung des Kindes beiträgt.

Diese Ausführungen haben wohl deutlich genug gezeigt, dass ein solcher Diktatunterricht nicht sinnvoll ist. Auch die Entscheidung mancher Lehrkräfte, aus diesen Gründen nur selten ein Diktat zu schreiben, ändert daran nichts Wesentliches. Sie gibt nur dem einzelnen Diktat ein noch viel größeres Gewicht. Deshalb soll hier eine Alternative vorgeschlagen werden, die durchaus praktikabel ist und den Schüler/innen die gewünschten Erfahrungen vermitteln kann: Die Kinder bekommen einen Diktattext. Er sollte nicht zu schwierig sein, d.h. nicht zu viele Wörter enthalten, die kognitive Zusätze benötigen, und kaum Wörter, die mehr als einen kognitiven Zusatz brauchen – im zweiten Schuljahr auch nicht zu lange Wörter. Der Text wird gelesen und inhaltlich sorgfältig durchgesprochen.

Natürlich sind die Schüler/innen auch zu Beginn des zweiten Schuljahrs schon unterschiedlich weit in ihrer Rechtschreibfähigkeit, sodass ein solcher Text für einige Kinder kaum eine Anforderung darstellt, während er andere überfordert. Deshalb muss ein erster Schritt nach der inhaltlichen Durcharbeitung des Textes darin bestehen, dass jedes Kind individuell entscheidet, welche Wörter es schon schreiben kann, welche Wörter also für es selbst leicht und welche schwierig sind. Eine Möglichkeit ist, dass das Kind die Wörter entsprechend sortiert. Es teilt dafür ein Blatt Papier in zwei Spalten, über der einen Spalte steht »leicht«, über der anderen »schwierig«. Nun werden die Wörter in die zwei Spalten einsortiert. Dabei geht es nicht darum, dass die Schüler/innen entscheiden, welche Wörter objektiv leicht oder schwierig sind, sondern welche Wörter sie selbst schon so sicher schreiben können, dass sie als leicht empfunden werden, und mit welchen Wörtern jedes Kind für sich persönlich glaubt, noch Schwierigkeiten zu haben.

Selbstverständlich kann die Lehrkraft die Kinder bei diesem Prozess beraten. Erfahrungsgemäß schreiben z.B. gerade die schwächsten Rechtschreiber fast alle Wörter in die Spalte der leichten Wörter und machen dabei noch viele Rechtschreibfehler, während die besseren Rechtschreiber ihre Fähigkeiten sehr viel besser einschätzen können. Hier ist es natürlich sinnvoll, dass die Lehrkraft die schwächeren Schüler berät und ihnen vorschlägt, bestimmte Wörter in die Spalte der schwierigen Wörter zu schreiben. Die letzte Entscheidung aber bleibt dem Kind überlassen. Es wird eventuell aus seinen negativen Erfahrungen lernen, und das ist besser, als wenn es sich dem Druck der Lehrkraft beugen müsste.

Manche Lehrer/innen mögen diese Form, weil dann alle Schüler/innen wenigstens einmal alle Wörter geschrieben haben. Aber sehr bald nerven dann doch die vielen kleinen, längst bekannten Wörter in der Spalte der leichten Wörter, sodass diese Methode eigentlich nur in den Anfängen des Diktatschreibens sinnvoll ist. Eine schnellere Methode besteht darin, dass die Schüler/innen im vorgegebenen Text einfach die Wörter unterstreichen, die für sie schwierig sind.

Von den leichten Wörtern wird angenommen, dass sie sie ohne weiteres Üben beim Diktat richtig schreiben. Bei den schwierigen Wörtern ist nun das Dilemma, dass die guten Rechtschreiber nur einige wenige Wörter in der Spalte stehen oder unterstrichen haben, während sich gerade die langsamer lernenden Kinder 20 oder mehr Wörter notiert haben, die sie bis zum Diktattermin fehlerlos beherrschen müssten. Damit sind die schwachen Schüler/innen natürlich überfordert. Denn gerade sie brauchen ja viel länger zum Üben der Wörter als ihre Mitschüler/innen. Deshalb ist es sinnvoll, dass sie nicht alle Wörter üben, sondern sich – nach Selbsteinschätzung – fünf bis zehn schwierige Wörter aussuchen, die sie bis zum Schreiben des Diktates geübt haben wollen. Diese Wörter werden doppelt unterstrichen und auf einen gesonderten Zettel geschrieben. Die guten Rechtschreiber aber, denen weniger als fünf Wörter des Diktattextes Schwierigkeiten bereiten, suchen sich aus irgendeinem Buch, das sie interessiert, noch schwierige Wörter dazu, die sie schreiben wollen. Damit füllen sie ihre Spalte der schwierigen Wörter auf, sodass auch sie schließlich fünf bis zehn Wörter zu üben haben.

Nun kommt der zweite Schritt, der häufig erst am nächsten Tag vollzogen wird: Die Kinder müssen zu den Wörtern, die sie üben wollen, die richtigen kognitiven Zusätze schreiben. Dazu geht die Lehrkraft den Diktattext mit den Kindern durch. Die nicht lautgetreuen Stellen in jedem Wort werden gekennzeichnet und die kognitiven Zusätze dazu formuliert und besprochen.

Alle kognitiven Zusätze ausformuliert an die Tafel zu schreiben ist allerdings sehr mühsam und überfordert Lehrer/innen, Schüler/innen und den zur Verfügung stehenden Platz an der Tafel. Unterlässt man das Anschreiben aber, so werden es nicht alle Schüler/innen schaffen, die richtigen kognitiven Zusätze zu ihren Wörtern zu schreiben, schon gar nicht ohne Rechtschreibfehler. Deshalb ist es sinnvoll, den Kindern anschließend einen Zettel auszuteilen, auf dem alle nicht lautgetreuen Wörter des Diktats mit den entsprechenden kognitiven Zusätzen versehen sind, wobei sich Symbole besser dafür eignen als die verbal ausformulierten kognitiven Zusätze (vgl. S. 59). Die Schüler/innen suchen sich die Wörter, die sie üben wollen, heraus und schreiben die entsprechenden kognitiven Zusätze vom Zettel ab oder malen die entsprechenden Symbole dazu.

Die guten Rechtschreiber, die ihre Liste der schwierigen Wörter mit eigenen Wörtern aufgefüllt haben, versuchen zunächst selbstständig, die richtigen kognitiven Zusätze zu diesen Wörtern zu formulieren, und besprechen ihre Versuche dann mit der Lehrkraft. Auf diese Weise hat schließlich jedes Kind eine Liste von fünf bis zehn Wörtern mit den notwendigen, richtig formulierten kognitiven Zusätzen versehen, die es bis zum Wochenende lernen will (vgl. dazu auf S. 59).

Zum festgelegten Termin wird nun der Text diktiert. Alle Schüler/innen schreiben das ganze Diktat, die guten Rechtschreiber schreiben noch ihre selbst gesuchten schwierigen Wörter auswendig dazu. Beim Einsammeln des Diktats geben die Kinder ihre Liste der leichten und schwierigen Wörter mit ab, jeweils mit Namen versehen. Dort hat jedes Kind ja auch unterstrichen, welche Wörter es üben wollte. Gezählt werden nun alle richtig geschriebenen Wörter und die Fehler. Als Fehler gelten aber nur falsch geschriebene Wörter, die von diesem Kind entweder bei den leichten Wörtern eingeordnet wurden oder geübt wurden. Diese Fehler werden mit roter Farbe korrigiert.

Daneben gibt es noch Wörter, die zwar falsch geschrieben wurden, bei diesem Kind aber in der Spalte der schwierigen Wörter standen und nicht geübt worden sind, weil für dieses Kind noch zu viele Wörter schwierig waren. Diese Wörter werden zwar mit grüner Farbe korrigiert, aber nicht als Fehler gezählt! Das eine Kind kann also in diesem Diktat 0 Fehler und 12 richtig geschriebene Wörter haben, während ein anderes z. B. 0 Fehler und 27 richtig geschriebene Wörter hat – oder auch 15 Fehler und 12 richtig geschriebene Wörter, wenn es seine Rechtschreibfähigkeiten vorher falsch eingeschätzt und zu viele Wörter in die Spalte der leichten Wörter geschrieben hat.

Es kann auch geschehen, dass zwei Schüler/innen in demselben Wort denselben Fehler gemacht haben. Bei dem einen Kind wird dieser als »roter Fehler« gezählt, weil es dieses Wort in der Woche geübt und trotzdem noch falsch geschrieben hat. Das andere Kind hat dieses Wort bei den schwierigen Wörtern eingeordnet und nicht geübt. Bei diesem Kind wird das falsch geschriebene Wort als »grüner Fehler« nicht gezählt, allerdings wird es auch nicht bei den richtigen Wörtern mitgezählt.

Die Anzahl der richtigen Wörter sagt also etwas über die objektive Rechtschreibfähigkeit der Schüler/innen aus, die Zahl der Fehler hingegen zeigt den Erfolg ihres Arbeitens. Wenn die Diktate benotet werden müssen, bekommen die Kinder zwei verschiedene Noten: Für die eine Note ist die Zahl der Fehler ausschlaggebend, und sie könnte als Arbeits- oder Lernerfolg bezeichnet werden. Für die andere Note ist die Anzahl der richtigen Wörter ausschlaggebend, sie beurteilt die eigentliche Rechtschreibkompetenz. Wenn Schüler/innen viele Fehler machen, kann das an Folgendem liegen:

- Das Kind hat sich selbst falsch eingeschätzt. Es hat vielleicht zu viele Wörter als leicht eingeschätzt, oder es hat zehn schwierige Wörter üben wollen, obwohl fünf Wörter seiner Lernfähigkeit angemessener gewesen wären.
- Das Kind hat sich nicht der vorgeschlagenen Lerntechniken bedient, oder es hat diese auf ineffektive Weise gebraucht. Es hat z. B. die Wörter immer wieder buchstabenweise abgeschrieben, statt sie zu lesen und dann auswendig aufzuschreiben.
- Oder es hat die zum Lernen der Wörter vorgegebene Zeit verspielt, verschwätzt oder verträumt, statt sie zum Einprägen der Wörter zu nutzen.

Welche von diesen Ursachen zutrifft, sollte die Lehrkraft verständnisvoll mit dem Kind herauszubekommen versuchen. Dabei belehrt und ermahnt sie nicht, sondern sucht gemeinsam mit dem Kind nach der Ursache für die vielen Fehler und fragt, ob eine der obigen Begründungen zutrifft.

Eine Begründung, die häufig von Eltern angeführt und auch von vielen Lehrkräften respektiert wird, ist, dass das Kind beim Diktatschreiben so aufgeregt sei, dass es alles, was es ansonsten könne, falsch gemacht habe. Bei der bisher üblichen Form des Diktatschreibens trifft diese Begründung bei einigen Kindern ganz sicher zu. Bei der hier vorgeschlagenen Form braucht die Lehrkraft sie nicht gelten zu lassen. In diesem Fall kann sie das Kind vielmehr anleiten, in die Spalte der leichten Wörter nur die Wörter zu schreiben, die es so sicher kann, dass es sie auch im Zustand der Aufregung noch richtig schreibt. Von den schwierigen Wörtern sucht sich das Kind diejenigen aus, die es eigentlich auch schon kann, aber vielleicht in der Aufregung noch falsch schreiben könnte. Auf diese Weise kann auch dieses Kind null Fehler schaffen und seine Angst vor Diktaten abbauen.

Es gibt eine kleine Zahl von Schüler/innen, bei denen ein solches Üben nicht zu immer mehr Erfolg führt, weil die vielen Fehler im Diktat bei ihnen kein kognitives, sondern ein motorisches Problem sind. Sie wissen eigentlich bei jedem Wort, wie es geschrieben wird, und auch bei Rechtschreibtests, in denen nur einzelne Wörter in Lücken eingetragen werden, schneiden sie relativ gut ab. Erst die Anforderung im Diktat, bei dem ein Text von 60 oder mehr Wörtern relativ zügig hintereinanderweg geschrieben werden muss, bringt die Schwierigkeiten zutage. Die Steuerung der Feinmotorik verschlingt so viel Kraft und Konzentration, dass nach einigen Zeilen die Schreibbewegung in ein relativ ungegliedertes Auf und Ab verfällt. Dabei durchschauen die Kinder selbst nicht mehr genau, welche Buchstaben sie schon geschrieben haben, und ihre geistige Kraft reicht häufig auch nicht mehr zum Abrufen ihres eigentlich vorhandenen Wissens aus. Hier kann die Ermutigung helfen, sich ausreichend Zeit und lieber einige Lücken zu lassen, wenn zu schnell diktiert wird. Darüber hinaus muss sich die Schule überlegen, ob sie eine sensomotorische Übungsbehandlung in schulischem Rahmen anbieten oder die Eltern auf eine außerschulische Möglichkeit verweisen will.

3.3 Die schrittweise Hinführung zum Schreiben ungeübter Diktate

Eine große Plage ist in unserer Rechtschreibdidaktik die Behauptung, Schüler/innen müssten ungeübte Diktate schreiben. Während in allen anderen Unterrichtsbereichen völlig selbstverständlich gilt, dass die Kinder das, was ihnen in Prüfungsarbeiten abverlangt wird, zunächst einmal gelernt und geübt haben müssen, durchkreuzt das Gespenst der ungeübten Diktate immer wieder alle Bemühungen, Lehrer/innen darüber zu informieren, wie man sinnvoll Diktate vorbereitet.

Selbstverständlich kann eine Sekretärin nicht jedes Diktat, das sie schreiben muss, vorüben. Auch ein Bauarbeiter könnte einmal in die Verlegenheit kommen, etwas aufschreiben zu müssen, was er vorher nicht geübt hat. Aber jeder Erwachsene hat die Möglichkeit, die Rechtschreibung im Anschluss an den Schreibvorgang mithilfe eines Wörterbuchs, Rechtschreibprogramms oder per Nachfrage zu überprüfen, wenn das

Schreiben für jemand anderen bestimmt ist, während den Kindern diese Möglichkeit verwehrt wird.

Zugegebenermaßen benötigen viele Erwachsene die Fähigkeit, die meisten Wörter richtig zu schreiben, ohne sie vorher extra geübt zu haben. Aber diese Fähigkeit wird durch langes Üben der richtigen Schreibstrategien allmählich aufgebaut. Sie ab dem dritten Schuljahr zu verlangen ist ähnlich absurd, wie wenn man einen Sechsjährigen in ein Auto setzen und losfahren lassen wollte, weil er das als Erwachsener ja auch können muss, und allenfalls das Auto etwas kleiner und einfacher konstruiert. Auf der anderen Seite wäre es natürlich auch unsinnig, wenn man die Schüler/innen bis ans Ende ihrer Schulzeit nur wörtlich vorgeübte Diktate schreiben lassen wollte. Aber das, was man den Kindern in den sogenannten ungeübten Diktaten abverlangt, muss viel vorsichtiger eingeführt, viel sorgfältiger aufgebaut und geübt werden, als dies derzeit üblich ist.

Es ist durchaus sinnvoll, Texte ab dem dritten Schuljahr nicht mehr genau so vorzuüben, wie sie dann diktiert werden. Wenn man aber aus den bekannten und geübten Wörtern neue Sätze baut, so muss man vorher sorgfältig die Strategie geübt haben, Satzanfänge zu erkennen und großzuschreiben (vgl. S. 69). Alle übrigen Wörter und Wortformen müssen vorerst noch so geübt werden, wie sie in den Texten vorkommen. Zunächst ist es für die Schüler/innen schon eine große Anforderung, im Kontext des Diktats den Textsinn zu verstehen, sich an das Üben der Wörter in anderem Kontext zu erinnern und sie dadurch richtig zu schreiben. Zusätzlich an die Großschreibung der Satzanfänge zu denken, ist schon eine beträchtliche Leistung, zu deren Bewältigung und Automatisierung man den Kindern einige Zeit lassen kann.

Allmählich kann man auch davon ausgehen, dass die Kinder einige sehr häufige Wörter richtig schreiben können, weil sie einfach als Schreibungen gespeichert sind. Besonders frühe, wichtige Fibelwörter werden in der Regel von allen Schüler/innen beherrscht und können daher auch ungeübt in abgeänderte Texte mit hineingenommen werden. Insgesamt beherrschen die Kindern aber viel weniger Wörter sicher, als Lehrer/innen gemeinhin annehmen.

Die Fähigkeit zur lautgetreuen Schreibung ist die Grundlage der Rechtschreibfähigkeit. Sie sollte bis zum Ende des zweiten Schuljahres aufgebaut sein. Wenn die Schüler/innen diese Fähigkeit beherrschen, kann man mit ihnen trainieren, lautgetreue Übungsdiktate zu schreiben, bei denen die Wörter nicht vorher geübt wurden. Solange sich die Kinder darauf verlassen können, dass alle Wörter lautgetreu sind, brauchen sie nur die Grundstrategie des rhythmisch-synchronen Sprechschreibens sorgfältig anzuwenden, um fehlerlos zu schreiben. Allerdings machen sie diese Erfahrung nur, wenn Verstöße gegen die Großschreibung und die Zusammen- und Getrenntschreibung nicht als Fehler zählen. Außerdem muss die Lehrkraft bei einigen Wörtern die Rechtschreibsprache zuvor gründlich erarbeiten lassen.

Wenn man im zweiten Schuljahr schon die Strategie eingeführt hat, die Artikel als Signal für die Großschreibung des »Chefs« zu erkennen, wobei der »Chef« aber noch ein konkretes Substantiv ist (vgl. S. 72), so kann man auch schon Texte diktieren, bei denen auch Verstöße gegen die Groß- und Kleinschreibung als Fehler gelten, weil konkrete Substantive nur mit Artikel vorkommen. Folgender Text von 85 Wörtern könnte den Schüler/innen beispielsweise gegen Ende des dritten Schuljahres diktiert werden:

> Im Park können wir *manchmal Eichhörnchen beobachten.* Die Eichhörnchen haben einen rotbraunen Pelz und einen langen, buschigen Schweif. Wir müssen staunen, wie sie auf einen Baum klettern und in den Zweigen *herumhüpfen* können. Sie springen weiter als die meisten Kinder und landen sicher auf dem *angepeilten* Ast. Den Schweif brauchen sie, um genau *steuern* zu können. Sie holen die *Tannenzapfen* aus den *Wipfeln* der Tannen, lösen die *Schuppen* und fressen die Samen, welche unter den Schuppen liegen. Sie fressen aber auch die Früchte anderer *Baumarten.*

Die kursiv gedruckten Wörter müssen auf jeden Fall in der Rechtschreibsprache erarbeitet werden. Je nach Leistungsstand der Klasse kann es nötig sein, auch die unbekannteren Wörter mit doppeltem Mitlaut wie *Schuppen* und *fressen* zu besprechen. Bei schwachen Klassen muss man vielleicht auch bei Wörtern mit Konsonantenhäufungen wie *rotbraunen* die Konsonantenfolge anhand der Buchstabenfolge bewusst machen.

Geht man davon aus, dass die Kinder inzwischen gelernt haben, Silben, die auf /i:/ enden, mit *ie* zu schreiben, so muss man das Wort *buschigen* vorher üben, da hier die auf /i/ endende Silbe kein *ie* hat. Dabei nützt es nichts, das Wort *buschig* zu üben, da diese Schwierigkeit erst in der deklinierten Form auftritt. Statt das Wort vorher zu üben, kann man die Schüler/innen auch nach dem Diktat bitten, dieses Wort im Text zu suchen, ihnen dann erklären, warum es nicht mit *ie* geschrieben wird, und sie bitten, das *e* notfalls durchzustreichen. Solche Hinweise während des Diktats zu geben ist nicht empfehlenswert, da dann gerade die schwächeren Schüler/innen so intensiv mit dem Sprechschreiben beschäftigt sind, dass sie den Hinweis gar nicht mitbekommen.

Auch das Wort *Pelz* muss nach dem Diktat noch einmal gesucht und die Schreibung mit *z* kontrolliert werden, da man diese nur durch Verlängerung sicher erkennen kann (vgl. die Aussprache von *Fels*). Ebenso muss auf die Großschreibung des letzten Wortes hingewiesen werden, denn sie wird nicht durch einen Artikel angekündigt, und das Wort bezeichnet nicht einmal etwas Konkretes. Schließlich kann man den Kindern nach dem Diktat Zeit geben, sämtliche Artikel zu suchen und zu überprüfen, ob sie deren Chefs großgeschrieben haben. Darüber hinaus enthält der Text die Merkwörter *und* und *wir*, die aber im dritten Schuljahr schon als sichere Schreibung gefestigt sein sollten.

Wenn man Diktate in dieser Weise sorgfältig erarbeitet, wird es wahrscheinlich nur wenige Schüler/innen geben, die viele Fehler machen, sodass die Notenverteilung nicht mehr die übliche ist. Dies ist erfreulich und zeigt, dass die Lehrkraft gut unterrichtet hat und alle Kinder die erforderlichen Strategien gelernt haben. Soll die Lehrkraft etwa schlechter unterrichten, damit nicht alle Kinder die richtigen Strategien erlernen? Oder soll sie doch ein paar die Kinder verunsichernde Rechtschreibfallen einbauen, um die Normalverteilung zu retten? In einem solchen Fall, in dem die Gesellschaft weitgehende Fehlerlosigkeit fordert, ist die Forderung nach Normalverteilung in den Fehlerzahlen und Noten völliger Unsinn. Vielmehr muss die weitgehende Fehlerlosigkeit das Ziel sein, das auch von den Schulbehörden anzuerkennen ist, damit die Schüler/innen für die Forderungen der Gesellschaft gerüstet sind.

Nimmt man im vierten Schuljahr in verstärktem Maße nicht lautgetreue Wörter in die Texte auf, so kann man möglicherweise beobachten, dass einige Schüler/innen in Panik geraten und plötzlich ständig gegen die lautgetreue Schreibung verstoßen. Die Kinder wittern nun überall Rechtschreibbesonderheiten und trauen der Grundstrategie nicht mehr. Dem kann die Lehrkraft entgegenwirken, indem sie die Kinder in Ruhe darauf hinweist, dass man ein *ä*, ein *ß* oder einen doppelten Mitlaut nur dann schreiben darf, wenn man eine Begründung dafür hat. Wenn aber Merkwörter im Text vorkommen, z.B. Wörter mit *h* als Längenzeichen, mit nicht ableitbarem *ä* oder mit *v*, so ist es fair, wenn die Lehrkraft den Kindern nach dem Diktat sagt, wie viele Wörter mit dieser Rechtschreibbesonderheit im Text enthalten sind, und ihnen dann Zeit gibt zu prüfen, ob sie diese Wörter richtig erkannt haben – eventuell auch mit Wörterbuch. Voraussetzung ist allerdings, dass alle Wörter mit nicht lautgetreuen Schreibungen vorher gründlichst geübt wurden, sodass die Kinder sie im Diktat auch sicher wiedererkennen. Nur dann reicht es für die lautgetreuen Wörter aus, sie nur mündlich zu erarbeiten.

Das heißt, bei den sogenannten ungeübten Diktaten im dritten und vierten Schuljahr brauchen nur die allerhäufigsten Wörter wie z.B. *und* oder *ist* nicht mehr vorab geübt zu werden. Bei sämtlichen nicht lautgetreuen Wörtern genügt es nicht, wenn sie in irgendwelchen Zusammenhängen ein- oder zweimal geschrieben wurden, sondern sie müssen bewusst kognitiv erarbeitet und dann so geübt werden, dass die zur Richtigschreibung notwendigen Gedankengänge ohne große Anstrengung verfügbar sind (vgl. S. 56 ff.). Dabei kann man von den Schüler/innen noch nicht erwarten, dass sie *er rennt* schreiben können, wenn sie *rennen* geübt haben. Die konjugierte Form ist, im Gegensatz zur Grundform, nicht mehr lautgetreu und muss deshalb gesondert geübt werden.

Nach und nach können auch Strategien zum Bewältigen ungeübter Schreibungen eingeführt, sorgfältig geübt und den Kindern dann auch abverlangt werden. So kann man z.B. im vierten Schuljahr durch die Arbeit mit Vorsilben allmählich die Strategie aufbauen, dass die Schüler/innen sämtliche Vorsilben, auch die nicht lautgetreuen Vorsilben wie *ab-*, *ver-*, *vor-* oder *miss-*, erkennen und richtig schreiben. Dann ist es durchaus möglich, Wortstämme ohne Vorsilbe vorab zu üben, obwohl sie im Diktat in einem durch die Vorsilbe deutlich veränderten Sinn vorkommen. Das Trennen von Vorsilbe und Wortstamm und das Wiedererkennen des Wortstammes ist die erste höhere Rechtschreibstrategie, die auch zur Bewältigung ungeübter Wörter dient. Allerdings muss man sehr genau schauen, wie viel Wendigkeit die Kinder in dieser Strategie schon aufbringen. Wenn das Wort *nehmen* geübt wurde, können die Schüler/innen diesen Wortstamm in der Wendung *sich etwas vornehmen* durchaus wiedererkennen. Um ihn aber in *vornehm* zu erkennen, ist wahrscheinlich noch sehr viel mehr Spracherfahrung nötig, als die meisten Kinder im vierten Schuljahr gesammelt haben.

Wenn die Strategie der Ableitung von Verben ausreichend geübt wurde, reduziert sich die Zahl der vorab zu übenden Wörter stark, und mit jeder weiteren Strategie brauchen weniger Wörter vorab geübt zu werden. Ebenso kann man auch im Bereich der Großschreibung den Schüler/innen langsam mehr abverlangen. So lässt sich allmählich erwarten, dass das Erkennen des »Chefs« schon so gut geübt wurde, dass auch Abstrakta, die durch einen Artikel angekündigt werden, richtig erkannt und großgeschrieben werden. Andererseits sollten die Schüler/innen inzwischen auch fähig sein, die Bezeichnungen für Lebewesen und konkrete Gegenstände auch ohne Artikel zu erkennen und großzuschreiben. Jede neue Schwierigkeitsstufe sollte aber zuvor besprochen und geübt werden, bevor sie den Schüler/innen im Diktat abverlangt wird.

Damit zeigt sich, dass es eigentlich eine hohe Kunst ist, Kinder sogenannte ungeübte Diktate schreiben zu lassen. Wenn angeblich 20 Prozent der Schüler/innen einer Klasse rechtschreibschwach sind, so haben die Lehrer/innen versagt und das, was sie den Kindern im Diktat abverlangten, nicht sorgfältig genug vorgeübt.

Der Lehrer muss sich also sehr genau überlegen, wenn er einen Diktattext ausgewählt hat:

- Welche Wörter sind schon so bekannt, dass die Schüler/innen sie sicher beherrschen? Und:
- Welche Wortschreibungen können die Schüler/innen durch die Strategien, die sie bisher geübt haben, aus Bekanntem sicher erschließen?

Alle anderen Wörter müssen vorab sorgfältig geübt werden. Wenn sich dadurch zu viele vorab zu übende Wörter ergeben, sodass eine sorgfältige Diktatvorbereitung nicht zu schaffen ist, ist das Diktat zu schwierig und muss umformuliert werden.

Damit sich die Schüler/innen die vorab zu übenden Wörter in eigener Regie erarbeiten können wie bei den geübten Diktaten des zweiten Schuljahres, empfiehlt es sich, Paralleldiktate zu formulieren, in denen die übungsbedürftigen Wörter in der gleichen Form vorkommen wie in dem schließlich diktierten Diktat. Im Paralleldiktat können die Kinder dann nach der Erarbeitung die für sie schwierigen Wörter unterstreichen und die Wörter, die sie üben wollen, doppelt unterstreichen. Das Paralleldiktat wird mit abgegeben, sodass die nicht geübten schwierigen Wörter auch dann nicht als Fehler gezählt werden, wenn sie falsch geschrieben sind. So können auch die schwachen Rechtschreiber zumindest für ihren Übungserfolg eine gute Note erreichen. Gleichzeitig wird mit der Anzahl der richtig geschriebenen Wörter die Rechtschreibkompetenz bewertet, sodass die Eltern eine klare Rückmeldung erhalten. Wörter, die im Paralleldiktat nicht vorkamen und anschließend falsch geschrieben wurden, gelten als nicht geübte Wörter und werden nicht in die Benotung des Arbeitserfolges mit einbezogen. Sie sind ein Hinweis für die Lehrkraft, dass sie die Fähigkeiten ihrer Klasse nicht richtig eingeschätzt hat.

4. Die Verbindung von Wortschatz- und Regellernen in der Grundschule

4.1 Explizit-implizites Regellernen beim Üben einzelner Wörter

Derzeit herrscht weitgehend die Auffassung, dass es – zumindest in der Grundschule – sinnvoll sei, Schüler/innen die am häufigsten auftretenden Wörter und Wortformen als eine Art Grundwortschatz orthografisch lernen zu lassen. Manche Lehrkräfte vertreten dabei den Spracherfahrungsansatz, d.h. sie hoffen, dass die Kinder durch die Begegnung mit den Wörtern des Grundwortschatzes intuitiv die richtigen Rechtschreibregeln erwerben, so wie sie ja beim Sprechen auch allmählich und ohne jede Anleitung die richtige Grammatik gelernt haben. Deshalb lassen sie den Grundwortschatz ohne jeden Hinweis auf Rechtschreibregeln erlernen, als handle es sich um eine Bilderschrift.

Tatsächlich kann man oft beobachten, dass Schüler/innen Regeln aus den gelernten Wörtern abbilden, was zeigt, dass sie geradezu danach verlangen, weil Regeln eine entscheidende Lernhilfe sind. Dabei führen eigene Regelbildungen aber häufig zu falschen Regeln, die dann viele Rechtschreibfehler verursachen. Wenn die Kinder bei der Schriftsprache genauso lange und intensiv Zeit hätten, ungestört ihre Erfahrungen zu machen, wie bei der gesprochenen Sprache, kämen die meisten von ihnen sicher gut zurecht. Da die Möglichkeiten zur schriftsprachlichen Erfahrungsbildung aber viel geringer sind als bei der mündlichen Sprache und die Benotung schon früh die »reine« Erfahrung stört, reicht der Spracherfahrungsansatz nicht aus. Sinnvoller ist stattdessen, das Üben des Grundwortschatzes intensiv zum Erlernen sämtlicher Rechtschreibstrategien zu nutzen.

Bei jedem Mitsprechwort wird die Strategie des rhythmisch-synchronen Sprechschreibens (RSS) trainiert und weiter gefestigt. Bei jedem Wort des Grundwortschatzes, das nicht lautgetreu geschrieben wird, sondern dessen Schreibweise einer übergeordneten Rechtschreibregel folgt, wird die Anwendung dieser Regel beim Lernen mitgeübt. Es werden keine ausformulierten Regeln gelernt, sondern die Kinder üben an den Wörtern des Grundwortschatzes genau die Gedankenschritte ein, die auch später beim Erschließen der richtigen Schreibung von unbekannten Wörtern durch Regelanwendung nötig sind. Um beispielsweise das Wort *Hund* richtig zu schreiben, reicht es für viele Kinder nicht aus, wenn sie irgendwann einmal lernen »Verlängere das Wort, und du weißt es sofort«, sondern sie erarbeiten und speichern zum Wort *Hund* den kognitiven Zusatz: »Gehört zu *Hunde*, also hinten mit *d*.« Beim Erlernen des Grundwortschatzes bilden diese Gedankenschritte eine kognitive Strukturierung, die das Einprägen der richtigen Schreibung erleichtert. Gleichzeitig bereiten sie die spätere selbstständige Regelanwendung vor.

Diese Technik des Lernens von Rechtschreibbesonderheiten ist eine sinnvolle Ergänzung zur bisher erlernten Strategie der lautgetreuen Schreibung. Jede nicht lautgetreue Stelle in einem Wort wird gekennzeichnet und mit einem kognitiven Zusatz versehen, der das Speichern dieser Besonderheit erleichtert. Das Anbinden an Bekanntes im kognitiven Zusatz erleichtert das Behalten erheblich. In dieser Funktion bekommt das Regelwissen im kognitiven Zusatz seinen Platz. Durch immer gleiche Formulierung des kognitiven Zusatzes, der ja aus der Regel abgeleitet ist und diese quasi enthält, wird die Regel schließlich das Bekannte, an das die nicht lautgetreue Schreibung angebunden und durch das sie leichter behalten wird.

Für das Erlernen der Rechtschreibung lassen sich daraus folgende Schlüsse ziehen:

- Die Schreibweise eines Wortes kann entweder erlernt oder aus Bekanntem erschlossen werden. Bekannt sind den Kindern zunächst nur ihre mündliche Sprache und die Zuordnung von Lauten zu Buchstaben. Allmählich werden Kenntnisse hinzugewonnen, z. B. das Wissen um die Lautung der Wörter in der Rechtschreibsprache, um die Zuordnung bestimmter Lautfolgen zu speziellen Buchstabenfolgen (z. B. /fɛr/ am Wortanfang als *ver*), um Rechtschreibregeln oder Wortverwandtschaften. Jedes hinzugewonnene Wissen führt dazu, dass mehr Schreibungen aus Bekanntem erschlossen werden können und weniger Schreibungen gelernt werden müssen.
- Kinder sind zwar ebenso wie beim Primärspracherwerb fähig, bestehende Regeln selbst zu entdecken. Da sie beim Schriftspracherwerb aber weniger Möglichkeiten für Spracherfahrungen haben, ist es wichtig, beim Schreibenlernen den intuitiven Regelbildungsprozess der Kinder bewusst zu fördern und zu lenken, um ihnen so Umwege und frustrierende Erfahrungen zu ersparen.
- Das Erlernen eines Grundwortschatzes kann durch das gleichzeitige Erlernen von Regelanwendungen in zweierlei Hinsicht erheblich erleichtert werden: Mit der lautabweichenden Schreibung wird gleichzeitig eine Gedankenfolge gelernt, die die lautabweichende Schreibung plausibel macht, also z. B.: »*Land* gehört zu *Länder*, also hinten *d*.« Da Sinnvolles schneller gelernt wird als Sinnloses, trägt diese Gedankenfolge zum leichteren Erlernen dieser Schreibweise bei. Gleichzeitig wird dem Kind mit diesem kognitiven Zusatz auch der Weg gewiesen, wie es sich die lautabweichende Schreibweise ableiten kann, wenn sein Gedächtnis versagt oder es unsicher ist. So führt jede Unsicherheit zu einer Regelanwendung, die die Rechtschreibsicherheit wiederherstellt. Dies wird zunächst nur bei den im Grundwortschatz gelernten Wörtern der Fall sein. Allmählich aber wird Unsicherheit auch bei noch nicht gelernten Wörtern analoge Gedankenschritte induzieren. Damit erübrigt sich ein weiteres Erlernen solcher Wörter; sie können sozusagen »von alleine« richtig geschrieben werden, sodass auch das Gedächtnis in dieser Hinsicht erheblich entlastet wird.
- Dadurch, dass man nicht lautgetreue Schreibungen benennt, thematisiert und den Weg zum Erschließen dieser Schreibungen aufzeigt, wird implizit auch die laut-

getreue Schreibung mitgefördert. Das Kind bekommt nicht das Gefühl, dass die Verschriftlichung eines Lautes eine unsichere Sache sei, die mal so, mal anders geschehen könne, sondern es erwirbt die Sicherheit, dass immer, wenn es keinen besonderen Grund gibt, eine abweichende graphemische Alternative zu wählen, die lautgetreue Schreibung die richtige ist.

Konkret ergibt sich daraus für das Wörterlernen der Kinder folgendes Vorgehen:

- Jedes Wort, dessen Schreibweise erlernt werden soll, wird zunächst gelesen und inhaltlich gedeutet.
- Dann werden die Sprecheinheiten durch untergelegte Bögen gekennzeichnet (vgl. Abb. 1), um die Kinder auf diese Weise zur deutlich in Sprecheinheiten gegliederten Aussprache des Wortes in der Rechtschreibsprache zu bringen. Die Sprecheinheiten entsprechen in der Regel den Silben eines Wortes. Nur beim *ck* kann es Verwirrung stiften, wenn wir von »Silben« statt von »Sprecheinheiten« reden, weil die Silbentrennungsregeln die Trennung zwischen *c* und *k* verbieten.
- Der nächste Schritt ist das Beweislesen, d.h. das Wort wird deutlich in Sprecheinheiten gegliedert und langsam gesprochen, und zu jedem Laut, der gerade gesprochen wird, wird der entsprechende Buchstabe gezeigt. Dieser Schritt dient schon dazu, die Stellen mit nicht lautgetreuer Schreibung zu erkennen.
- Nun werden die nicht lautgetreu geschriebenen Stellen benannt.
- Während die bisherigen Schritte im zweiten Schuljahr auch schon von den Kindern vollzogen werden können, kann der kognitive Zusatz zunächst nur von der Lehrkraft formuliert werden. Erst allmählich lernen die Schüler/innen, bei einigen Regeln die richtigen kognitiven Zusätze selbst zu formulieren.
- Kinder lernen mit allen Sinnen – nicht nur über die Sprache, sondern auch über das Visuelle und die Motorik. Deshalb ist es sinnvoll, das Lernen der kognitiven Zusätze nicht nur rein sprachlich anzubahnen, sondern auch visuell zu unterstützen, und zwar in einer Weise, die die Kinder über ihre gesamte Schulzeit hinweg begleiten kann (vgl. S. 57).
- Dann folgt das Einprägen der Schreibung, das zum Teil auch über häufiges Schreiben geschieht. Verschiedene Möglichkeiten zum Einprägen der Wörter sind im folgenden Kapitel und im Anhang aufgeführt (vgl. S. 114 ff.).

Nun gibt es Wörter, die im zweiten Schuljahr noch drei oder mehr kognitive Zusätze brauchen, z.B. das Wort *Verband*:

- »Kann man anfassen, also groß.«
- »Vorsilbe *ver*, also mit *v*.«
- »*Verband* gehört zu *Verbände*, also hinten *d*.«

Solche Wörter zu schreiben ist für viele Kinder eine Überforderung. Die Lautfolge abzuhören und in eine Buchstabenfolge zu übersetzen, sich an die Form der Buchsta-

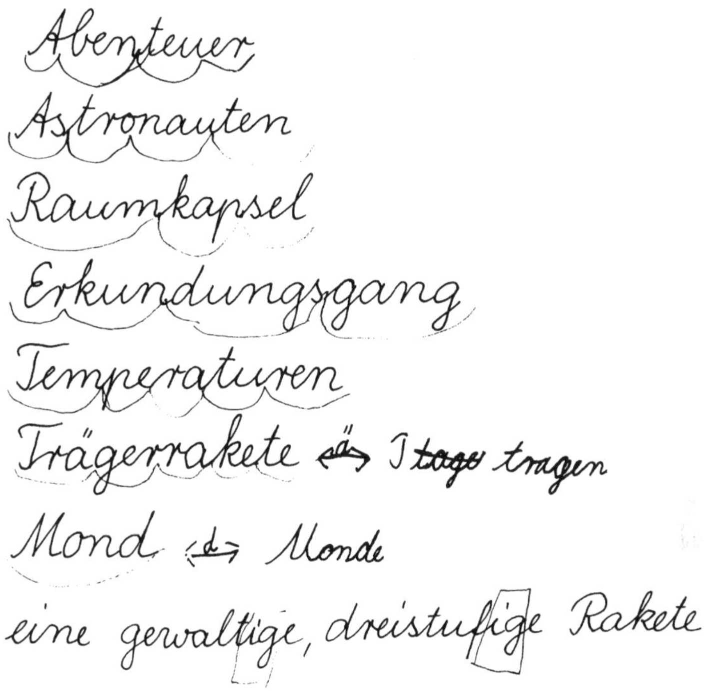

Abb. 1: Gliederung in Sprecheinheiten und selbstständige Anwendung kognitiver Zusätze

ben und Buchstabenverbindungen zu erinnern und dann auch noch an drei kognitive Zusätze zu denken, das schaffen die wenigsten Kinder. Selbst wenn das lautgetreue Schreiben schon weitgehend automatisiert ist, sind drei kognitive Zusätze in einem Wort eine sehr hohe Anforderung. Das heißt nun aber nicht, dass die Kinder diese Wörter nie schreiben könnten, denn viele kognitive Zusätze erübrigen sich mit der Zeit. Die Schreibweise der Vorsilbe *ver* z.B. wird den Kindern irgendwann so selbstverständlich, dass sie sich das *v* nicht mehr besonders einzuprägen brauchen. Belästigt man sie dann noch mit dem Erlernen des kognitiven Zusatzes, so schauen sie erstaunt und sagen: »Wieso, das ist doch immer so!«, oder sogar: »Wieso, das hört man doch!«

Dann allerdings könnte es geschehen, dass ein Kind statt *fertig* **vertig* schreibt. Wenn der kognitive Zusatz von Anfang an richtig formuliert war, kann man es dann aber darauf hinweisen: »Du, das hier ist keine Vorsilbe«, und den Charakter der Vorsilbe genauer erklären. Wenn der kognitive Zusatz allerdings ungenau formuliert war, z.B.: »*ver* immer mit *v*«, muss an dieser Stelle eine nachträgliche Differenzierung erfolgen, die das Vertrauen der Schüler/innen in den Gebrauch von Rechtschreibregeln durchaus erschüttern kann.

Damit werden einige Gesetzmäßigkeiten von Wortschatz- und Regellernen deutlich:

- Viele kognitive Zusätze erübrigen sich mit der Zeit. Die mit dem kognitiven Zusatz erlernte explizite Regelanwendung geht in eine intuitive, als selbstverständlich empfundene Regelanwendung über. Damit reduziert sich für viele Wörter die Anzahl der kognitiven Zusätze, sodass schwierige Wörter zu leichten Wörtern werden.
- Bei manchen kognitiven Zusätzen bewirkt der Übergang zur intuitiven Regelanwendung, dass neue kognitive Zusätze für solche Wörter benötigt werden, die eine Ausnahme zur Regel bilden und anfangs ohne kognitiven Zusatz geschrieben werden konnten (z.B. *fertig*). So können leichte Wörter zu schwierigeren Wörtern werden. Durch jeden Wechsel dieser Art wird eine Rechtschreibregel weiter ausdifferenziert. Wenn sich diese Ausdifferenzierung dem individuellen Rechtschreiblernen des Kindes anpasst, kann sie ohne großen kognitiven Ballast erfolgen. Damit werden komplizierte Regeln in ihrer Anwendung erlernbar, ohne dass die Schüler/innen je in der Lage sein müssten, das ganze komplexe Regelpaket zu formulieren.
- Für die als Grundwortschatz zu lernenden Wörter ergibt sich damit eine sinnvolle Stufung in der Form, dass man möglichst nur Wörter mit einem, allenfalls zwei kognitiven Zusätzen lernen lässt. Bei Wörtern, die mehr kognitive Zusätze benötigen, wartet man, wenn möglich, mit dem Lernen, bis einige Regeln von den Kindern schon intuitiv angewandt werden, sodass die Wörter nicht mehr mit allen kognitiven Zusätzen versehen werden müssen.
- Wichtig ist, dass die Zusätze so formuliert werden, dass die Kinder nichts Falsches lernen. Ein kognitiver Zusatz etwa, der lautet: »*Kommt*, kurzes *o*, also zwei *m*«, ist falsch und würde ausgesprochenen Schaden anrichten, ebenso wie der häufig zu hörende Satz: »Langes *a*, also mit *h*«. In Tabelle 1–3 auf Seite 17 ff. finden Sie korrekte kognitive Zusätze, die analog auf fast alle von der lautgetreuen Schreibung abweichenden Schreibweisen übertragen werden können.

4.2 Das Einprägen von Wortschreibungen

Das Einprägen von Wortschreibungen erfolgt in zwei Stufen: der gedanklichen Durchdringung und dem Automatisieren.

4.2.1 Die Klärung des Wortinhalts

Zur gedanklichen Durchdringung gehört zunächst, dass der Inhalt des Wortes oder der Wendung genau erfasst wird. Diese Forderung klingt trivial und ist beim freien Schreiben auch kein Problem. In Diktaten aber wird sehr viel öfter dagegen verstoßen, als den Lehrer/innen bewusst ist.

Ein Beispiel: In einem Diktattext für das zweite Schuljahr kam der Satz »Du kannst doch schwimmen« vor. Ein Schüler schrieb das Wort *doch* immer wieder falsch. Mal schrieb er *durch*, mal **dorch*, bis schließlich deutlich wurde, dass er eigentlich an das Wörtchen *durch* dachte und nun ganz irritiert war, dass es plötzlich anders geschrieben werden sollte, als er im Kopf hatte. Auf die Bemerkung, er könne sicher noch nicht schwimmen, antwortete er empört: »Doch!« In dieser Bedeutung war ihm das Wort also durchaus geläufig. Aber in dem Zusammenhang »Du kannst das doch!« war es ihm so fremd, dass selbst Erklärungen nicht ausreichten. Er konnte es noch nicht erlernen.

Der Inhalt des Wortes muss deshalb genau erfasst werden, weil unsere Schrift nicht nur eine Lautschrift ist, sondern in ihrer morphematischen Struktur auch Elemente einer Bilderschrift enthält (vgl. S. 10f.). Das heißt, Rechtschreibbesonderheiten sind nicht dem Wortklang, sondern wesentlich auch dem Wortinhalt zugeordnet. Es gibt zahlreiche Homophone in der deutschen Sprache, die unterschiedlich geschrieben werden, weil der Inhalt Verwandtschaft zu anderen Wörtern definiert, z.B. Rind/rinnt, Kante/kannte, Wirt/wird, Blüte/blühte. Glücklicherweise denken auch Lehrer/innen bei diesen Wörtern so sehr vom Inhalt her, dass ihnen der Gleichklang kaum bewusst geworden ist und sie nicht noch auf die Idee gekommen sind, auch diese Wörter als Rechtschreibschwierigkeit einander gegenüberzustellen und so die Kinder vollends zu verwirren. Auch Kinder haben mit diesen Wörtern keine besonderen Schwierigkeiten, sobald sie ihnen inhaltlich klar sind.

Mit diesen Beispielen wird schon deutlich, dass zum Erfassen des Inhalts auch gehört, dass die Wörter mit anderen Wortformen oder -zusammensetzungen in Verbindung gebracht werden. Dadurch wird die Bedeutungserfassung intensiviert und präzisiert und allmählich ein Gespür für das Gesamtgefüge unserer Sprache geschaffen, das die Rechtschreibfähigkeit auf die Dauer stark stützen kann: Der *Wirt* ist jemand, der uns im *Wirtshaus*, also in seinem *Haus*, *bewirtet*. Sehr häufig verlangt ja auch der kognitive Zusatz ein Zurückführen auf verwandte Wortformen: Das Wort *kannte* gehört zu *ken-nen*, also mit Doppel-n. Dieser Zusammenhang sollte dann aber nicht nur formal für den kognitiven Zusatz festgestellt, sondern auch inhaltlich erläutert werden, z.B.: »Jetzt *kenne* ich dich, aber früher *kannte* ich dich noch nicht. Ich habe dich erst *ken-nen*gelernt, als du in die Schule kamst.« Deshalb ist es auch wichtig, bei Diktatvorbereitungen die kognitiven Zusätze ausführlich mit der Klasse zu besprechen, bevor man sie auf einem Arbeitsblatt austeilt.

Bei komplizierteren Wörtern in späteren Schuljahren kann es wichtig sein, die morphematische Struktur des Wortes zu durchdringen und ihren Bezug zum Inhalt zu erläutern. Der *Aussichtsturm* beispielsweise ist ein *Turm*, von dem aus die *Sicht* besonders gut ist, ein *Turm* für die *Aus-sicht*, also ein *Aussicht-s-turm*. Diese Art der morphematischen Durchdringung kann ausgesprochen spannend werden, wenn Lehrer/in und Schüler/innen gemeinsam versuchen, z.B. den Zusammenhang zwischen *Zahl* und *erzählen* aufzuspüren. Oder man kann über das in der Sprache verborgene psychologische Wissen staunen, wenn man über die Wendung *sich beschweren* nachdenkt und erkennt, dass man bei dieser Tätigkeit häufig nicht etwa den anderen be-

schwert und sich erleichtert, sondern dass man allzu oft *sich* selbst be*schwert*, selbst wenn man im Recht ist.

4.2.2 Die Erarbeitung der Rechtschreibsprache

Nach der inhaltlichen Durchdringung ist die Erarbeitung der Rechtschreibsprache des Wortes wichtig. Kinder aus einem schriftsprachnahen Milieu haben es dabei vermutlich sehr viel leichter als Kinder aus einem schriftsprachfernen Milieu. Erstere erleben die Sprache zwar auch oft umgangssprachlich verkürzt, aber sie erleben sie häufig viel weniger dialektal gefärbt, und bei Unklarheiten oder Verständnisschwierigkeiten wird häufig eine stärker schriftsprachlich orientierte Wiederholung gewählt. Menschen aus schriftsprachfernem Milieu hingegen wissen oft gar nicht, wie die schriftsprachlich orientierte Sprachform heißen müsste, sondern sagen dasselbe entweder lauter oder mit anderen Worten. Von daher ist Kindern aus diesem Milieu die Rechtschreibsprache viel fremder. Lehrer/innen müssen im Unterricht also aufpassen, dass sie sich nicht von den vielen Schüler/innen, denen die Rechtschreibsprache leichtfällt, dazu verführen lassen, das Erarbeiten der Rechtschreibsprache zum Schaden der Kinder aus schriftsprachfernem Milieu zu vernachlässigen.

Das Erarbeiten der Rechtschreibsprache geschieht immer vom *geschriebenen* Wort her. Die Aussprache der Wörter wird einfach so eng wie möglich an die Buchstabenfolge angelehnt, und das Wort wird so deutlich in seine Silben aufgegliedert, dass zwischen den Silben jeweils kurze Zeit nichts zu hören ist. Dadurch werden sogar doppelte Mitlaute zwischen zwei Vokalen doppelt hörbar: *Son-ne*. Aber auch jede dialektale Verkürzung und Verschleifung wird in die der Schriftsprache zugrunde liegende Lautung übersetzt. So wird aus der */a:bait/* die */ar-bait/*, während */a:-ber/* deutlich ohne r-Komponente gesprochen wird.

4.2.3 Die Erarbeitung der kognitiven Zusätze

Nach dem Erarbeiten der Rechtschreibsprache muss die Aufmerksamkeit auf die Rechtschreibbesonderheiten gerichtet werden, die nicht hörbar zu machen sind. Was als Rechtschreibbesonderheit empfunden wird, ändert sich allerdings mit der Zeit. Das lange *i* ist dafür ein gutes Beispiel: Sobald die Kinder ein Gespür für die Unterscheidung zwischen langem und kurzem *i* entwickelt haben und das lange *i* intuitiv als *ie* schreiben, brauchen Wörter mit *ie* keinen kognitiven Zusatz mehr. Dann brauchen aber Wörter, in denen das lange *i* nur als *i* geschrieben wird, einen kognitiven Zusatz. Ebenso braucht die Großschreibung von Konkreta für viele Kinder ab Mitte des dritten Schuljahres keinen kognitiven Zusatz mehr. Wenn man etwa das Wort *Haus* mit dem kognitiven Zusatz »Kann man anfassen, also groß« belegen wollte, würden die Schüler/innen einen irritiert anschauen und sagen: »Wieso, das ist doch immer so!« Abstrakta hingegen brauchen in diesem Stadium noch dringend einen kognitiven Zusatz für die Großschreibung.

4.2.4 Die Visualisierung der kognitiven Zusätze

Je mehr Sinne beim Lernen eingesetzt werden, desto leichter wird der Lernstoff behalten. Deshalb ist es wichtig, die kognitiven Zusätze nicht nur verbal zu formulieren, sondern mit bestimmten, immer wiederkehrenden Symbolen zu belegen. Es ist sinnvoll, wenn sich diese Symbole so weit einbürgern, dass sie während der ganzen Schulzeit in derselben Form gebraucht werden und sogar zur Fehlermarkierung dienen können, weil sie den Schüler/innen dann viel klarere Orientierung über nicht angewandte Rechtschreibstrategien vermitteln.

Alle Wörter, die man von anderen Wörtern oder Wortformen ableiten muss, um die nicht lautgetreue Stelle richtig zu schreiben, bekommen einen Doppelpfeil, der in zwei Schritten aufgebaut wird. Der erste Schritt ist die Ableitung des Wortes, also beispielsweise: »*er kommt* gehört zu (= Pfeil nach rechts) *kom-men* …«. Hinweise, wie man die verschiedenen Alternativschreibungen ableiten kann, enthält Tabelle 4 auf Seite 26. Aber diese Ableitung reicht allein nicht aus, um das gewünschte Wort wirklich richtig zu schreiben. Es muss unbedingt die Schlussfolgerung, der Rückbezug vom Ableitungswort auf das abgeleitete Wort, folgen, der verbal ausformuliert wird: »… also (= Pfeil nach links) *er kommt* mit Doppel-m«. Wenn man dieses Symbol neu einführt, malt man am besten zunächst zwei Pfeile übereinander:

⟶
⟵

Die Kinder müssen wirklich lernen, dass der obere Pfeil »gehört zu« heißt und auf die Ableitung verweist und dass der untere Pfeil »also« heißt und zeigt, was wir bei dem Wort, das wir schreiben wollen, beachten müssen. Erst wenn den Schüler/innen diese Bedeutung klar ist, kann man aus den zwei Pfeilen einen Doppelpfeil machen. Darauf werden die Buchstaben geschrieben, die erst durch die Ableitung eindeutig erkennbar sind. Das sieht dann so aus:

er kommt ⟵ *mm* ⟶ *kom·men*   *er fällt* ⟵ *ä ll* ⟶ *fal·len*

Wie man am rechten Beispiel sieht, kann es durchaus vorkommen, dass durch die Ableitung nicht nur ein Laut, sondern mehrere Laute in ihrer Schreibweise verdeutlicht werden. Dann kommen natürlich beide Besonderheiten auf den Doppelpfeil, der für alle Ableitungsstrategien gilt, die in Tabelle 4 auf Seite 26 aufgeführt sind: das t-Signal, die einfache Verlängerung von Wörtern und das Auseinanderbrechen und Verlängern. Bei der Schreibweise des *ä* wird der Doppelpfeil natürlich auch beim Verkürzen oder der komplexeren Ableitung von einem verwandten Wort verwendet.

Wie man ebenfalls aus Tabelle 4 sieht, gibt es bei allen Rechtschreibphänomenen auch Wörter, deren Rechtschreibbesonderheit nicht abgeleitet werden kann. Diese Wörter erhalten natürlich keinen Doppelpfeil. Hier eignet sich stattdessen das Dreieck als Verkehrsschild, das auf Gefahren aufmerksam macht. Und wie bei dem Verkehrsschild die Gefahr im Dreieck abgebildet ist, also die S-Kurve oder das über die Straße springende Wild, so wird in das Dreieck neben dem Wort die seltenere graphemische Alternative eingetragen, also beispielsweise:

fahren 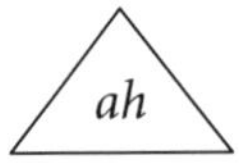

Obst 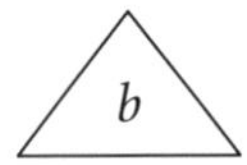

Bei den Wörtern mit *h* als Längenzeichen ist es sehr wichtig, nicht nur das *h* in das Dreieck einzutragen, sondern auch den Vokal davor. Sonst versuchen viele Kinder, beim Schreiben durch überdeutliches Sprechen herauszubekommen, wohin das *h* denn nun gehört, und es entstehen Schreibungen wie * *farhen.*

Bei der Großschreibung lauten die kognitiven Zusätze zunächst: »Kann man anfassen, also groß«, oder: »Kann man haben, also groß.« Beide kognitiven Zusätze können durch die Hand symbolisiert werden, die das Gemeinte anfasst oder zumindest symbolisch in der Hand hat. Da eine Hand zu kompliziert zu malen ist, stecken wir sie in einen Fausthandschuh:

Es gibt Nomen, bei denen man das Gemeinte weder anfassen noch haben kann, wie z. B. *Abfahrt* oder *Gruß*. Diese Wörter sind Merkwörter. Sie können wie die anderen Merkwörter ein Warndreieck erhalten, in dem die Großschreibung durch einen nach oben gerichteten Pfeil symbolisiert wird:

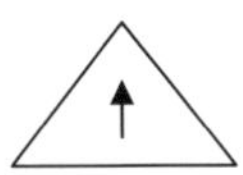

In Texten sind solche Nomen häufig durch einen Artikel angekündigt. Sobald die Kinder die übergeordnete Strategie der Begleitersuche erlernt haben, ersetzt diese Strategie bei solchen Wörtern das Auswendiglernen der Großschreibung.

Es gibt noch eine Gruppe von Nomen, bei denen weder das Anfassen noch das Haben überzeugend gelingt, nämlich die Namen der Maßeinheiten. Kann man einen Kilometer, einen Liter oder einen Monat haben oder anfassen? Als kognitiver Zusatz eignet sich eher »Name einer Maßeinheit, also groß«, eventuell kann auch ein stilisiertes Maßband oder Ähnliches als Symbol eingeführt werden.

Tab. 5: **Die Symbole für die kognitiven Zusätze im Überblick**

Genau in Rechtschreibsprache mitsprechen	
Handkontrolle: *»Kann man anfassen (oder haben), also groß«*	
Chef von einem Begleiter	
»Gehört zu …, also …«	
Merkschreibung	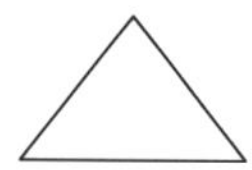
Merkwort Großschreibung	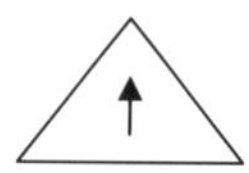

4.2.5 Das Automatisieren

Die gedankliche Durchdringung der Wortschreibung ist zwar unumgänglich notwendig, aber für die meisten Kinder nicht ausreichend, um das Wort dauerhaft richtig zu schreiben. Es muss eine Phase des Einprägens und Automatisierens folgen, deren Ziel es ist, dass alle erarbeiteten Gedankengänge, die zum richtigen Schreiben des Wortes notwendig sind, mühelos, ja fast unterschwellig ablaufen und bei jedem Schreiben des Wortes selbstverständlich mit abgerufen werden. Das endgültige Ziel des Automatisierens ist, dass das Wort einfach als Buchstabenfolge gewusst wird, ohne dass die Regeln, die diese Schreibung begründen, aktiviert werden müssen.

Um das zu erreichen, lassen sich eine ganze Reihe abwechslungsreicher Übungen finden, die den Kindern ausgesprochen Spaß machen. Diese Übungen reichen vom rein mündlichen Repetieren dessen, was man sich bei diesem Wort merken muss, über häufiges Schreiben bis hin zu Übungen, die den Transfer des Geübten auf andere Wortformen oder Wörter mittrainieren. Im zweiten Schuljahr spielen die Übungen, bei denen das Wort einfach geschrieben wird, noch die größte Rolle. In dem Maße, in dem das Übersetzen der Rechtschreibsprache in eine Buchstabenfolge eine selbstverständliche Fähigkeit für die Kinder wird und auch das Umsetzen kognitiver Zusätze in den Schreibvorgang keine Probleme mehr bereitet, werden solche Übungen aber unökonomisch. Dann reicht häufig das mündliche Repetieren der Rechtschreibsprache und der zum Wort gehörenden kognitiven Zusätze. In höheren Klassenstufen können dann auch Übungen vorgeschlagen werden, die den Transfer einer Rechtschreibbesonderheit auf andere Wortformen oder Wörter mittrainieren.

Solche Übungen können allerdings häufig nur von den sprachlich wendigeren und kreativeren Schüler/innen durchgeführt werden, während sie für andere eine Überforderung bedeuten. Im Anhang finden sich auf S. 114 ff. einige Vorschläge für solche Übungen.

4.3 Die Vermittlung von Lerntechniken

Wenn die Schüler/innen im Anschluss an das freie Schreiben schwierige Wörter bis zur sicheren Beherrschung selbstständig üben sollen, muss man ihnen auch vermitteln, wie man solche Wörter übt. Die Technik des Wörterlernens muss also selbst zum Unterrichtsgegenstand gemacht werden.

Aber auch beim diktatorientierten Rechtschreibunterricht ist ein Kernstück des Unterrichts, dass die Kinder lernen, wie man die Schreibweise von Wörtern lernt. Nur dann sind sie ihren unterschiedlichen Lernvoraussetzungen nicht mehr ausgeliefert, sondern haben die Möglichkeit, ihren Erfolg durch ihren Arbeitseinsatz selbst zu steuern. Dann können sie ihr eigenes Wörterlernen auch jederzeit, unabhängig von der Mithilfe der Eltern, organisieren.

Die Lehrkraft sollte die Schüler/innen beim ersten Wörterlernen einfach den Lernweg entlangführen. Bei einem der nächsten Male kann sie beginnen, den Lernweg selbst zum Thema zu machen. Dabei ist es sinnvoll, deutlich zwischen den notwendigen Lernschritten und den Übungen zu unterscheiden. Die Lernschritte, die zur notwendigen gedanklichen Durchdringung führen, müssen bei jedem Wort durchlaufen werden. Die Übungen hingegen, die dem Einprägen und Automatisieren dienen, stehen zur freien Verfügung. Die Kinder können sich die Übung auswählen, die ihnen im Moment am meisten Spaß macht oder mit der sie am besten lernen können.

Damit die Schüler/innen die Lernschritte später selbstständig durchlaufen können, ist es sinnvoll, sie kurz zu besprechen, auf eine Wandzeitung zu schreiben und diese im Klassenzimmer gut sichtbar aufzuhängen. Sie könnten etwa folgendermaßen lauten:

Lernschritt 1:	Lies das Wort ganz deutlich und zeige dabei die Buchstaben, die du gerade sprichst. Male Silbenbögen unter das Wort.
Lernschritt 2:	Überlege dir einen Satz, in dem das Wort vorkommt.
Lernschritt 3:	Male die Stellen farbig an, bei denen du dir die Schreibweise besonders merken musst. Überlege dir den Merksatz dazu.
Lernschritt 4:	Versuche, das Wort auswendig in die Luft zu schreiben, und kontrolliere, ob du richtig geschrieben hast.
Lernschritt 5:	Übe, das Wort zu schreiben.

Wenn man die Lernschritte mehrmals ausführlich bespricht, sodass man sicher ist, dass die Kinder wissen, was gemeint ist, kann man sie auch kürzer formulieren, z.B.:

1. Beweislesen, Bögen malen
2. Satz bilden
3. Besonderheiten bunt anmalen, Merksatz formulieren
4. Auswendig schreiben, kontrollieren
5. Einprägen

In späteren Schuljahren werden die Schüler/innen allmählich vom Arbeiten mit Sprecheinheiten und Bögen wegkommen und sich stattdessen die Morpheme als Wortbausteine klarmachen. Entsprechend muss natürlich der erste Lernschritt umformuliert werden.

Nun wird man einige Male das Durchlaufen der Lernschritte und die Orientierung an der Wandzeitung mit den Kindern üben. Der fünfte Lernschritt aber ist unvollständig, denn die Schüler/innen wissen ja noch nicht, wie man die Wörter üben kann. Deshalb bietet die Lehrkraft den Kindern beim ersten Mal eine Übung an, mit der sie ihre Wörter üben können. Diese Übung bekommt dann einen Namen (vgl. S. 114ff.). Die Lehrkraft legt nun eine zweite Wandzeitung an, auf der die Übung mit dem Namen notiert wird.

Beim nächsten Wörterlernen bietet die Lehrkraft den Schüler/innen eine neue Übungsform an. Alle Kinder müssen zwei ihrer Lernwörter mit der neuen Übung üben, damit sie diese erlernen. Bei den übrigen Wörtern können sie auswählen, ob sie lieber die neue oder die erste Übungsform anwenden. Dabei kann es nötig sein, dass die Lehrkraft die Kinder noch einmal daran erinnert, wie die erste Übung ging. Auch die neue Übung bekommt einen Namen und wird an der Wandzeitung notiert.
Auf diese Weise wird der Bestand an Übungsmöglichkeiten allmählich erweitert, sodass schließlich jedes Kind mindestens eine ihm angemessene Übungsform kennt, die es auswählen kann. Jedes Mal wird die neu eingeführte Übung mit Namen versehen, an der Wandzeitung notiert und von allen Kindern an einigen Lernwörtern ausprobiert, sodass die Schüler/innen jederzeit darauf zurückgreifen können.

Nachdem der Lernweg noch einige Male mit den Kinder besprochen und das Orientieren an der Wandzeitung geübt wurde, stellt die Lehrkraft den Schüler/innen schließlich nur noch eine Übungszeit zur Verfügung, in der sie selbstständig arbeiten sollen. Das heißt nun aber nicht, dass es alle Kinder schon schaffen, diese Zeit sinnvoll zu nutzen. Einige Schüler/innen, besonders solche, die von zu Hause viel Anweisungen und Einengung gewohnt sind, werden herumtrödeln, spielen oder träumen, anstatt zu arbeiten. Das aber ist kein Grund, das selbstständige Arbeiten wieder abzuschaffen. Im Gegenteil, gerade diese Kinder haben das Lernen des selbstständigen Arbeitens besonders nötig und brauchen dazu einfach mehr Zeit, mehr Anleitung und die Erfahrung der Selbstwirksamkeit. Keine Lehrkraft würde aufhören, die Kinder im Schreiben zu unterrichten, nur weil es einige Schüler/innen auch nach dem dritten Versuch noch nicht können. Genauso wenig darf man den Unterricht im selbstständigen Arbeiten aufgeben.

Deshalb muss die Lehrkraft in dieser Phase diejenigen Kinder, die ihre Zeit noch nicht zum Üben nutzen, einzeln dazu anleiten. Dabei ist es zunächst wichtig zu schauen, ob die Kinder wirklich wissen, wie sie die Wörter üben können, welche Wörter sie üben sollen usw. Denn selbstverständlich gibt es Schüler/innen, die bei den allgemeinen Erklärungen nicht aufgepasst oder vielleicht auch gefehlt haben. Wenn sie aber nicht wissen, was und wie sie üben sollen, können sie auch nicht selbstständig arbeiten. Solche Kinder brauchen also einfach noch einmal eine Einzelanleitung. Wenn aber deutlich wird, dass sie durchaus wissen, wie sie üben können, dann liegt die Tatsache, dass sie nicht arbeiten, offensichtlich in ihrer fehlenden Motivation begründet.

In der Schule ist es weitgehend üblich, mangelnder Motivation der Schüler/innen durch Anweisungen und Gehorsamsforderungen zu begegnen. Das ist hier nicht nur unnötig, sondern sogar schädlich. Denn wenn die Lehrkraft die Kinder an dieser Stelle zum Arbeiten drängt und ermahnt, so werden sie das vielleicht aus Gehorsam der Lehrkraft gegenüber tun. Aber sie werden das Gefühl haben, für den Lehrer zu arbeiten. Das Üben wird eine Frage von Gehorchen oder Nichtgehorchen. Der eigentliche Sinn des Übens aber, nämlich dass man das Geübte anschließend besser kann, dass das Üben einem also selbst etwas bringt, geht verloren. Sinnvoller ist es daher, wenn die Lehrkraft einfach freundlich auf die natürliche Folge des Nichtübens hinweist, also dem Kind z. B. sagt: »Du, wenn du jetzt nicht übst, wirst du die Wörter im nächsten Diktat wohl nicht alle richtig schreiben.« Wenn das Kind daraufhin nicht anfängt zu üben, so lässt man es und hofft darauf, dass ihm die Erfahrung der natürlichen Folgen weiterhilft.

Auch die Beratung der Schüler/innen nach dem Diktat gehört zur Anleitung zum selbstständigen Arbeiten. Ideal wäre es natürlich, wenn alle Kinder, die intensiv gearbeitet haben, null Fehler hätten, während die, die nichts getan haben, alle zu übenden Wörter falsch schrieben. Aber so ist es natürlich nicht, sondern es wird zunächst einmal die Kinder geben, die anscheinend intensiv geübt haben und trotzdem viele Wörter, die sie eigentlich können, falsch geschrieben haben. Wenn die Schüler/innen die Wörter in leichte und schwierige Wörter unterteilt und sich nur fünf bis zehn schwierige Wörter zum Üben ausgesucht haben (vgl. S. 42), sollten Wörter, die sie als schwierig eingestuft und nicht geübt haben, auch nicht als Fehler gezählt werden, wenn sie falsch geschrieben sind. Das Blatt, auf dem sie die Wörter aufgeteilt und die zu übenden Wörter markiert haben, sollten sie mit dem Diktat abgeben, denn dieses ist für die Beratung nach dem Diktat sehr wichtig.

Liegen die Fehler des Kindes hauptsächlich bei den als leicht eingestuften Wörtern, so ist deutlich, dass das Kind seine Rechtschreibfähigkeit noch nicht richtig eingeschätzt oder die Schwierigkeiten in den Wörtern nicht richtig erkannt hat. Die Lehrkraft kann ihm das erklären und anbieten, ihm beim nächsten Wörtersortieren zu helfen. Hat das Kind die Fehler hauptsächlich in den Wörtern gemacht, die es üben wollte, so ist deutlich, dass es

- zu wenig geübt hat,
- falsch geübt hat oder
- sich zu viele Wörter zum Üben vorgenommen hat.

Hier ist es wichtig, dass die Lehrkraft dem Kind zeigt, dass es nur an einer dieser drei Möglichkeiten liegen kann, und mit ihm überlegt, was wohl die Ursache ist und wie man diese beheben kann. Sollte, was sehr selten ist, das Kind von sich aus äußern, dass es zu wenig geübt habe, aber auch keine Lust zum Üben habe, so kann die Lehrkraft ihm sagen, dass das Rechtschreiben wirklich wichtig ist, aber ihm trotzdem die freie Entscheidung überlassen, das Rechtschreiben eben jetzt noch nicht zu lernen. Kinder, die auf diese Weise *nicht* unter Druck gesetzt werden, ändern ihre Meinung und ihr Verhalten in der Regel bald und haben gleichzeitig die Erfahrung gemacht, dass sie als Persönlichkeiten ernst genommen wurden.

Es gibt aber auch Schüler/innen, die alle geübten Wörter richtig schreiben, obwohl sie die Zeit zum Üben der Wörter anscheinend überhaupt nicht genutzt haben. Wenn solche Kinder auch viele von den als schwierig deklarierten und nicht geübten Wörtern richtig geschrieben haben, so ist deutlich, dass sie ihre Rechtschreibfähigkeit zu niedrig einschätzten, entweder weil sie große Angst vor Fehlern haben und absolut sicher sein wollen, kein Wort falsch zu schreiben, oder weil sie durchschaut haben, dass man auf diese Weise auch ganz ohne Anstrengung Erfolg haben kann. Je nach Sachlage kann die Lehrkraft die Kinder dann ermutigen, doch etwas mehr zu riskieren, weil ein oder zwei Fehler gar nicht schlimm seien, oder sie kann ihnen deutlich zeigen, dass sie zwar keine Fehler im Diktat haben, dass sich aber die Zahl der richtig geschriebenen Wörter noch deutlich erhöhen würde, wenn sie ihre Strategie änderten. Die letzte Entscheidung darüber liegt aber immer beim Kind.

Sollte es sich aber zeigen, dass ein Kind tatsächlich bei den nicht geübten schwierigen Wörtern viele Fehler hat, aber die geübten und die leichten Wörter alle richtig geschrieben hat, so ist es sehr wahrscheinlich, dass dieses Kind gut gearbeitet hat, auch wenn die Lehrkraft einen anderen Eindruck hatte. Ein ausgesprochen langsam lernender Junge in einem zweiten Schuljahr z. B. »entwischte« während der Übungszeit in die Spielecke, sobald irgendein schneller arbeitendes Kind sich dort sehen ließ. Trotzdem zeigte sich bei den Diktaten, dass er seine Wörter gut geübt hatte. Dieser Junge kam aus einem winzigen Weilerdorf, wo er keinen einzigen Spielgefährten hatte. Er nutzte die Schulzeit, um möglichst viel mit anderen Kindern zu spielen, und zog es vor, seine Wörter nachmittags zu Hause zu lernen. Selbstverständlich wurde dieses Verhalten toleriert, denn es zeigt eine sehr vernünftige Situationsbewältigung.

Beim freien Schreiben kontrolliert eine Mitschülerin oder ein Mitschüler den Lernerfolg im Partnerdiktat. Hier hängt es vom Lernklima in der Klasse ab, wie weit Lernmisserfolge offen zugegeben und dadurch zum Beratungsanlass werden können.

5. Das Erlernen übergeordneter Strategien zum Bewältigen ungeübter Schreibungen

Bisher wurde dargelegt, wie beim Erlernen einzelner Wörter ein implizites Regellernen mitgefördert werden kann, sodass sich das Erlernen des Grundwortschatzes nicht in einem gedankenlosen Drill von Schreibungen erschöpft und die Regelbildung bei den Schüler/innen nicht dem Zufall mit all seinen Um- und Irrwegen überlassen wird. Angesichts des reichen Schatzes unserer Sprache an Wörtern und Wortformen kann allerdings nur ein kleiner Bruchteil dessen, was der Erwachsene später schreiben muss, geübt werden. Von daher muss es das Ziel des Rechtschreibunterrichts sein, den Schreiber schließlich zu befähigen, auch ungeübte Wörter und Wortformen richtig zu schreiben.

Die beim Erlernen des Grundwortschatzes angestrebte implizite Regelbildung dient – neben ihrer Funktion als Gedächtnisstütze – letztlich schon dazu, die Regelanwendung auch bei ungeübten Wörtern zu fördern. Eine ganze Reihe geistig kreativer Kinder wird allein durch das Wörterlernen fähig, Regeln anzuwenden. Möchte ein solches Kind z. B. das noch nie geschriebene Wort *er erklimmt* schreiben, so fällt ihm sofort in Analogie zu *es stimmt* ein, dass das Wort vielleicht mit Doppel-*m* geschrieben werden muss. Durch die vielen Beispiele, die es schon mit dem Grundwortschatz gelernt hat, ist ihm auch selbstverständlich, dass es die Grundform bilden muss, um seine Hypothese zu überprüfen.

Das in diesem Bereich unbeholfene Kind aber wird das Wort ohne weiteres Nachdenken mit nur einem *m* schreiben. Oder es ist vielleicht unsicher, ob *m* oder *mm* zu schreiben sei, weiß aber nicht, wie es die Schreibweise überprüfen kann. Für solche Schüler/innen muss ein systematisches Training im Anwenden übergeordneter Rechtschreibstrategien bei nicht geübten Schreibungen erfolgen. Dabei geht es einerseits darum, die Denkbewegungen und Schlussfolgerungen, die ab dem zweiten Schuljahr schon implizit geübt wurden, noch einmal bewusst zu machen, sodass das Kind, das immerhin schon zweifelt, bewusst lernt, wie es die Schreibweise kontrollieren kann. Andererseits gilt es zu lernen, die Signale zu beachten, die diese Denkbewegung auslösen müssen, sodass die Kinder, die noch ganz naiv drauflosschreiben, lernen, an den richtigen Stellen erst einmal zu zweifeln, um dann durch die passende Überprüfungsmethode die richtige Schreibweise herauszufinden.

Diese Strategien müssen in kleinen Schritten geübt und dann in ihrer Anwendung auch eingefordert werden, das heißt: Sobald eine Strategie ausreichend geübt wurde, müssen in den Diktaten auch Wörter vorkommen, die die Schüler/innen noch nicht geschrieben haben, deren Schreibweise sie sich aber über die Anwendung der erlernten Strategie erschließen können.

5.1 Der Grundaufbau der Strategievermittlung

Obwohl die Strategien den Schüler/innen vom Wörterlernen her schon bekannt sind, ist zur Hinführung auf die generalisierte Strategieanwendung eine nochmalige Einführung des Rechtschreibphänomens auf einer höheren kognitiven Ebene sinnvoll. Dabei geht es darum, den Kindern die Schreibweise dieser Wörter als Lesehilfe begreiflich zu machen: Durch die immer gleiche Schreibung kann der Leser die Morpheme schneller erkennen. Gleichzeitig muss aber das Problem für die Rechtschreibung ganz deutlich werden, wobei die Grundregel der lautgetreuen Schreibung betont und das vorliegende Phänomen als die seltenere Besonderheit dagegen abgehoben wird. Für die Schüler/innen muss auch deutlich werden, dass sie diese besondere Schreibweise nicht spontan hören, sondern allenfalls durch Wortumbildungen hörbar machen oder durch andere Strategien erkennen können.

Sollen die Schüler/innen beispielsweise lernen, den doppelten Mitlaut bei konjugierten Verben mit grammatischem t zu erkennen, also beispielsweise bei *sie hofft, er erkannte, bestimmt* (vgl. S. 77), so ist es sinnvoll, ihnen erst einmal den Zusammenhang der verschiedenen Verbformen und die Tatsache, dass der Wortstamm (bei schwachen Verben) in allen Wortformen so gleich wie möglich geschrieben wird, zu zeigen. Allenfalls der Stammvokal muss manchmal der Aussprache entsprechend verändert werden (*er erkennt – er erkannte*). Dann kann man deutlich machen, dass der doppelte Konsonant in der Grundform durch die Rechtschreibsprache hörbar zu machen ist, in den Formen mit grammatischem t aber nicht mehr.

In einem zweiten Schritt müssen die beim Wörterlernen schon immer mitgeübten Strategien noch einmal bewusst gemacht werden. Die Schüler/innen sollen nun also bewusst lernen und üben, zu jedem Verb mit »t-Signal« die Grundform zu suchen. Möglicherweise müssen manche Schüler/innen länger üben, weil sie erst eine neue Einsicht in die Zusammenhänge unserer Sprache entwickeln müssen. Bei Verben mit t-Signal ist das noch relativ einfach. Aber die komplizierteren Strategien, z. B. das Auseinandernehmen von Wörtern, um den Wortstamm zu verlängern (*Freundschaft – Freund – Freunde*), müssen in einer längeren Übungssequenz gefestigt werden, damit sie auch ungeübt zur Verfügung stehen.

Hier kann also durchaus mit Wortreihen gearbeitet werden, zu denen jeweils die Ableitungsform, bei der die Schreibweise hörbar ist, dazuzuschreiben ist (vgl. Abb. 2). Damit den Schüler/innen der Sinn ihrer Tätigkeit auch bewusst bleibt, sollten sie den Buchstaben, der in der vorgegebenen Form nicht, in der Ableitung aber eindeutig durchs Hören identifizierbar ist, auf den Doppelpfeil schreiben und in der abgeleiteten Form kennzeichnen – in unserem eingangs erwähnten Beispiel also den doppelt zu schreibenden Konsonanten. Da solche Wortreihen die Funktion haben, an längst Bekanntes zu erinnern und es dem bewussten Zugriff verfügbar zu machen, reichen pro Wiederholung fünf bis sieben Wörter, anhand deren diese Strategie vollzogen wird.

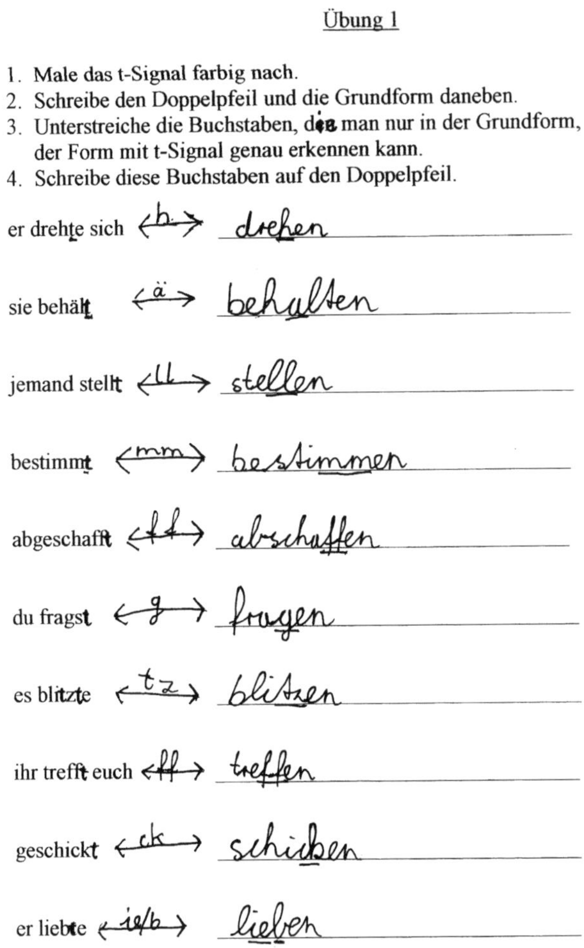
Übung 1

1. Male das t-Signal farbig nach.
2. Schreibe den Doppelpfeil und die Grundform daneben.
3. Unterstreiche die Buchstaben, die man nur in der Grundform, aber nicht in der Form mit t-Signal genau erkennen kann.
4. Schreibe diese Buchstaben auf den Doppelpfeil.

er drehte sich ←h→ drehen

sie behält ←ä→ behalten

jemand stellt ←ll→ stellen

bestimmt ←mm→ bestimmen

abgeschafft ←ff→ abschaffen

du fragst ←g→ fragen

es blitzte ←tz→ blitzen

ihr trefft euch ←ff→ treffen

geschickt ←ck→ schicken

er liebte ←ie/b→ lieben

Abb. 2: Wortreihe zur Ableitung von Verben mit t-Signal

Über diese im Rechtschreibunterricht weitgehend übliche Methode hinaus müssen aber auch die Signale erarbeitet werden, auf die hin diese Nachdenkstrategien einsetzen sollen. Ihre Beachtung ist sorgfältig einzuüben. In unserem Eingangsbeispiel wird also das Beachten des grammatischen *t* in der Verbendung intensiv zu üben sein. Das Einüben der Strategien bringt nichts, solange diese Strategien nicht auch zur richtigen Zeit eingesetzt werden. Deshalb müssen möglichst konkrete Signale gefunden werden, die im Schreibprozess wie ein Stoppschild für die Kinder wirken: »Achtung, hier musst du aufpassen und eine bestimmte Prüfstrategie einsetzen, wenn du das Wort nicht schon sehr gut kennst.« Deshalb bezeichnen wir das grammatische *t* in der Verbendung als t-Signal.

Je nach Rechtschreibfall können die Signale bestimmte Buchstaben am Wort- oder Silbenende sein (z.B. *b*, *p*, *d*, *t*, *g*, *k*), bestimmte Morpheme (z.B. Flexionsmorpheme mit *t* bei Verbformen) oder z.B. Satzzeichen oder einzelne Wörter, die auf grammatikalisch bedingte Rechtschreibbesonderheiten hinweisen. Manchmal steht aber auch nur das Erkennen der eigenen Unsicherheit als Signal für die Strategieanwendung zur Verfügung.

Das Erkennen dieser Signale kann man die Kinder zunächst an einzelnen schriftlich vorgegebenen Sätzen üben lassen. Darin kennzeichnen sie die Wörter, an denen ihnen die Nachdenkstrategie beim Erkennen der richtigen Schreibweise geholfen hätte. Schwieriger wird es, wenn ein kurzer Text vorgegeben ist, bei dem die Schüler/innen nicht mehr sicher sind, ob ein bestimmtes Rechtschreibphänomen in jedem Satz auftaucht (vgl. Abb. 3).

Auf der nächsten Schwierigkeitsstufe schreiben die Schüler/innen selbst Sätze nach Diktat und prüfen den niedergeschriebenen Text anschließend auf die Signale hin. Danach kann ihnen diese Strategie auch schon im Diktat abverlangt werden. Es muss aber anschließend genügend Zeit gelassen werden, um den Text noch einmal auf die gelernten Signale hin durchzuarbeiten.

Haben die Schüler/innen also das Erkennen des doppelten Mitlautzeichens bei Verben mit t-Signal geübt, so müssen sie angeleitet werden, im Anschluss an das Schreiben eines Übungsdiktats den Text noch einmal durchzulesen, die Verben mit t-Signal herauszusuchen und ihre Schreibweise zu überprüfen. Am besten ist es, wenn die Schüler/innen unter das *t* in der Verbendung einen dicken Punkt als »Prüfstem-

Übung 2

1. Suche die Verben mit t-Signal.
2. Schreibe die Grundform über das Wort.
3. Unterstreiche die Buchstaben, die man nur in der Grundform sicher erkennen kann.
4. Male einen dicken Punkt als Prüfstempel unter das t-Signal.

Bevor die Weißen Amerika entdeckten, lebten dort die

Indianer ganz ungestört. Einige Stämme jagten Büffel, die

sie mit Pfeil und Bogen erlegten oder in Fallen lockten.

Andere pflanzten Bohnen und Mais an. Aus den reichlich

vorhandenen Goldschätzen konnten sie wunderschöne

Schmuckstücke schmieden. Alkohol kannten sie damals

noch nicht.

Abb. 3: Dieser Junge hat noch nicht alle Verben mit t-Signal erkannt. Er muss die Signalerkennung noch besser üben.

pel« malen, damit die Lehrkraft erkennen kann, woran es lag, wenn ein Kind eines dieser Wörter doch noch falsch geschrieben hat – ob es das t-Signal nicht erkannt oder die Ableitung nicht richtig vollzogen hat.

Schließlich bleibt als rechtschreibsportliche Leistung zu trainieren, die Signale schon vor dem Niederschreiben des Wortes zu erkennen, sodass die Schüler/innen schon vorher über die Schreibweise nachdenken und keine nachträgliche Korrektur mehr nötig ist.

Selbstverständlich darf man die Schüler/innen nicht überfordern und verschiedene Signale gleichzeitig einführen. Erst wenn das Beachten eines Signals und die darauf folgende Anwendung der richtigen Nachdenkstrategie so weit automatisiert sind, dass sie keine Mühe mehr machen, können das nächste Rechtschreibphänomen und die dafür nötige Nachdenkstrategie mit ihren Auslösesignalen eingeführt werden.

Bei der Einführung der übergeordneten Rechtschreibstrategien gilt es noch, eine Falle zu umgehen: Immer wieder wird einem von Laien oder auch von Lehrer/innen entgegengehalten, man dürfe den Schüler/innen doch solche Strategien nicht beibringen, denn ihre Anwendung führe immer wieder auch zu Fehlern. Es ist richtig, dass es zu jeder Strategie Ausnahmen gibt, bei denen die Anwendung zu Fehlern führt. Diese Ausnahmen sind Lernwörter. Sie müssen der Lehrkraft bekannt sein, und sie müssen in Diktaten, bei denen die Schüler/innen die Strategie zum ersten Mal einsetzen sollen, vermieden werden. Wenn z.B. gerade geübt wurde, wie man bei Verbformen den doppelten Mitlaut durch Ableitung hörbar macht, sollte das Wort *nimmt* unbedingt vermieden werden. Wenn die Kinder gerade geübt haben, die Vorsilbe *ver-* zu erkennen, indem sie prüfen, ob das Wort auch ohne diese Silbe einen Sinn ergibt, so darf man ihnen zwar gerne etwas über die »Ferse des Ferkels« diktieren, das Wort »verlieren« sollte aber unbedingt vermieden werden. Etwas später müssen diese Wörter dann als Ausnahmen ins Lernwörterheft eingetragen und intensiv geübt werden. Danach dürfen sie auch wieder in Diktaten vorkommen.

Der Grundaufbau der Strategievermittlung im Überblick

1. Das Phänomen deutlich machen und die lautgetreue Schreibung davon abheben.
2. Übung der Strategie zum Erkennen der richtigen Schreibung an Einzelwörtern.
3. Übung der Signalerkennung mit Strategie an vorgegebenen Einzelsätzen.
4. Übung der Signalerkennung an selbst geschriebenen Einzelsätzen mit Überprüfung der Schreibung durch die Strategie.
5. Übung der Signalerkennung mit Strategie an vorgegebenen Texten.
6. Übung der Signalerkennung an selbst geschriebenen Texten mit Überprüfung der Schreibung durch die Strategie.
7. Übung der Signalerkennung vom Hören her an vorgelesenen Sätzen. Es werden nur die Wörter mit diesem Signal hingeschrieben.

5.2 Die Strategien zur Großschreibung

Die Grundregel, dass drei Viertel der Wörter in laufenden Texten kleingeschrieben werden, können die Schüler/innen schnell durch Nachzählen überprüfen. Deshalb braucht die Großschreibung eine Begründung. Wenn man keinen Grund weiß oder sich nicht sicher ist, schreibt man klein.

5.2.1 Großschreibung am Satzanfang

Die erste Strategie, die die Kinder möglichst schon im zweiten Schuljahr lernen sollten, ist die Großschreibung am Satzanfang: Man bespricht die Satzschlusszeichen als Signal. Die dazugehörende Strategie ist, den Text nach dem Schreiben noch einmal speziell auf die Satzschlusszeichen hin durchzuschauen und die Großschreibung des nächsten Wortes zu kontrollieren. Die Übungsschritte:

- In vorgegebenen Texten die Satzschlusszeichen farbig markieren und einen Pfeil zum folgenden großen Anfangsbuchstaben malen (Training der Signalerkennung).
- Bei selbst geschriebenen (diktierten) Texten die Satzschlusszeichen und den folgenden Anfangsbuchstaben kontrollieren, eventuell korrigieren und farbig markieren. Man kann die Kinder eine Zeit lang nach jedem Schreiben eines Textes dazu auffordern, bis man sieht, dass keine Satzanfänge mehr korrigiert wurden. Dann ist diese Strategie vermutlich so gut automatisiert, dass man problemlos die nächste Strategie einführen kann.

Exkurs
Ein anderes Problem ist, dass manche Kinder im zweiten Schuljahr ihre freien Texte häufig ganz ohne Punkt und Komma schreiben, weil sie die Satzgrenzen überhaupt nicht erkennen. Das gibt sich aber von alleine, wenn die Kinder eine Zeit lang mit einem Helfer in der Form lesen üben, dass sie den Text satzweise erarbeiten und nach jedem Satz sagen müssen, was darin steht. Das wiederholen sie so lange, bis sie den Satz ganz genau – mit jedem Detail – verstanden haben. Dabei entsteht ein Gespür für die Sinneinheit eines Satzes, das sich dann auch auf das freie Schreiben überträgt.

5.2.2 Die Handkontrolle

Auch die Großschreibung der Nomen wird den Schüler/innen schon in der Grundschule abverlangt, und zwar nicht nur in vorgeübten Diktaten, in denen sie zu jedem Wort den passenden kognitiven Zusatz extra lernen können, sondern auch schon in ihren selbst formulierten Texten. Daher sind diese Strategien zum Teil schon in der Grundschule einzuüben.

Im zweiten Schuljahr lernen die Schüler/innen, dass man die Namen von Menschen, Tieren, Pflanzen und Dingen großschreibt. Bei Menschen, Tieren und Pflanzen ist das einfach, das machen auch die wenigsten Kinder über längere Zeit hinweg falsch. Aber was sind Dinge? Natürlich das Auto oder der Bleistift. Aber ist die Wolke ein Ding, der Himmel, das Feuer? Und wie leicht vergessen die Kinder im Zuge des Schreibens eigener Texte, daran zu denken! Deshalb ist es sinnvoll, schon im zweiten Schuljahr die einfachsten Strategieformen zum Erkennen der Großschreibung einzuführen.

Eine der beiden wichtigsten Strategien ist die Handkontrolle. Die Kinder machen die Hand zum Anfassen bereit, stellen sich die »Sache« vor, die mit dem zu schreibenden Wort gemeint ist, und überlegen, ob sie das Gemeinte anfassen könnten. Wenn ja, schreiben sie es groß. Eine erste Wiederholung erfolgt bald, wenn man bespricht, dass man Wolken, Himmel und Feuer ja nicht wirklich anfassen kann. Aber man kann sich vorstellen, es anzufassen, und auch diese Wörter werden großgeschrieben. Je nach Bedarf erfolgt im dritten oder vierten Schuljahr die nächste Wiederholung der Handkontrolle mit Erweiterung. Denn sehr viele Nomen bezeichnen etwas, das man nicht anfassen, aber haben kann, beispielsweise *Unfall, Idee, Wut, Freiheit.* Und auch diese Wörter werden großgeschrieben. Auch bei solchen Wörtern wird die Hand zum Anfassen bereit gemacht, und das Kind überlegt: Könnte ich das Gemeinte anfassen oder haben?

Der Vorteil an diesen Erweiterungen ist, dass sie eine Wiederholung der Strategie ermöglichen, ohne dass die Schüler/innen das Gefühl haben, sie würden ja nichts Neues lernen. Man kann jeweils das Neue an der Strategie betonen, das die Schüler/innen als Lernfortschritt empfinden, sodass die Wiederholung sie nicht stört.

Der Stufenaufbau der Handkontrolle

- Zunächst wird die Grundregel deutlich gemacht, nämlich, dass viel mehr Wörter klein- als großgeschrieben werden, dass man also im Zweifelsfall besser kleinschreibt – die Trefferrate ist größer!
- Dann wird die Regel deutlich gemacht, dass alles, was man anfassen kann, großgeschrieben wird. Was damit gemeint ist, müssen die Kinder erst einmal verstehen und »begreifen«. Man kann auch spielerisch damit umgehen, z. B.:
  - Prelle den Ball zehnmal auf und nenne bei jedem Aufprellen etwas, was man anfassen kann.
  - Nimm einen Gegenstand in die Hand und nenne mir zehn Dinge, die du gerade anfasst – beim Anspitzer z. B.: das Metall, die Seite, die Klinge, die Schraube, die Ecke, die Kante, das Loch, die Rille, den Schlitz, den Behälter für die Krümel und den Deckel. Diese Übung hilft sehr dazu, dass die Kinder lernen, nicht nur den ganzen Gegenstand, sondern auch dessen Teile großzuschreiben.
- Nun führt man die Handkontrolle als Prüfungsmöglichkeit ein, dazu als Symbol für die Handkontrolle den Fausthandschuh.

- Dann müssen die Kinder zunächst an Einzelwörtern üben, per Handkontrolle zu überprüfen, ob diese Wörter großgeschrieben werden. Das geht am besten in Einzelarbeit: Man gibt den Kindern schriftliche Wortreihen. Sie müssen die Wörter lesen, die Hand zum Anfassen bereit machen und überlegen, ob sie das Gemeinte anfassen können. Wenn ja, malen sie den Fausthandschuh daneben. Als Selbstkontrolle können sie die Anfangsbuchstaben der Nomen der Reihe nach in Kästchen unter der Wortreihe eintragen, und daraus entsteht ein Lösungswort. Manche Kinder kennzeichnen zunächst auch Wörter wie *heiß* oder *rau* mit einer Hand, weil man diese Qualitäten ja nur erkennt, wenn man den Gegenstand anfasst. Hier muss man ihnen deutlich machen, dass man ja nicht *rau* anfasst, sondern einen Gegenstand, und dann merkt, dass dieser rau ist. Für die Übung an Einzelwörtern eignen sich Übungsmaterialien mit Selbstkontrollmöglichkeiten gut, wie etwa LÜK-Kästen oder Profax-Geräte, für die man zur Strategie passende Wortreihen schnell selbst herstellen kann.

- Als Nächstes müssen die Schüler/innen üben, ganze Sätze mit der Handkontrolle auf Großschreibung hin zu überprüfen. Dazu ist es sinnvoll, mit ihnen zu besprechen, dass sie nicht akribisch jedes einzelne Wort überprüfen, sondern nur die etwas wichtigeren Wörter. Wörter wie *der*, *und* oder *es* haben ja kaum einen Inhalt – dann weiß man schon, dass sie nicht großgeschrieben werden. Aber alle wichtigeren Wörter, bei denen man sich etwas vorstellen kann, müssen überprüft werden.
- Nun bekommen die Schüler/innen kleine Texte, in denen alle Wörter bis auf die Satzanfänge kleingeschrieben sind, lesen sie, führen die Handkontrolle satzweise durch und verbessern die kleingeschriebenen Nomen. Als Zeichen, dass sie die Handkontrolle durchgeführt haben, malen sie hinter jeden geprüften Satz die Hand über das Satzschlusszeichen.
- Wenn sie das ausreichend geübt haben, kann man die Schüler/innen auffordern, nach dem Schreiben eigener Texte oder Diktate die Handkontrolle durchzuführen. Wenn sie noch eine Zeit lang weiterhin hinter jeden geprüften Satz die Hand malen, weiß die Lehrkraft bei Fehlern, ob sie die Handkontrolle vergessen oder trotz Handkontrolle nicht alle Nomen erkannt haben.
- Eigentlich möchte man ja, dass die Schüler/innen nicht erst nachträglich, sondern schon beim Schreiben eines Satzes an die Großschreibung denken. Deshalb ist der letzte Schritt, dass man ihnen Sätze diktiert, die sie aber nicht vollständig schreiben, sondern im Kopf prüfen und von denen sie nur die Nomen aufschreiben sollen. Hier eignen sich auch spielerische Übungsformen wie etwa Würfelspiele, bei denen man zu einem Ziel laufen muss: Man klebt auf viele Felder Punkte, stellt Kärtchen mit daraufgeschriebenen Sätzen her, in denen die Nomen durch Handkontrolle zu erkennen sind, und bei einem Feld mit Punkt liest der Nachbar den Satz vor. Wenn das Kind alle Nomen richtig erkennt, darf es, je nach Schwierigkeit des Satzes, die auf dem Kärtchen vermerkte Zahl an Feldern vorrücken.

Bei all diesen Übungen ist es natürlich wichtig, dass man darauf achtet, dass die Nomen auch wirklich mit der Handkontrolle erkennbar sind, und zwar in dem Stadium, das die Schüler/innen gerade üben. Wenn sie im zweiten Schuljahr gerade gelernt haben, alles, was man anfassen kann, zu erkennen, darf man von ihnen nicht verlangen,

Wörter wie *Unfall* oder *Wut* als Nomen zu erkennen, und selbst den *Himmel* könnten schlaue Kinder in diesem Stadium noch als Nichtnomen beurteilen, weil man ihn ja nicht wirklich anfassen kann.

5.2.3 Die Begleitersuche

Während bei der Handkontrolle der Inhalt des Wortes als Signal für die Großschreibung dient, also eine semantische Begründung für die Großschreibung besteht, dienen bei der Begleitersuche der bestimmte oder unbestimmte Artikel und später auch andere mögliche Begleiter von Nomen als Signal. Hier kommt also der grammatikalische Aspekt der Großschreibung zum Tragen. Fatal ist die Regel, die Kinder oft noch von ihren Eltern lernen: »Wenn man *der*, *die* oder *das* davorsetzen kann, wird das Wort großgeschrieben.« Denn durch die Nominalisierung von Adjektiven und Verben können alle Wörter in entsprechendem Kontext auch einmal großgeschrieben werden: »jedem das Seine«, »auf der Suche nach dem Anderen« (= einer neuen, besseren Welt). An diesen Beispielen aus dem Duden sieht man aber auch, dass in einem Textzusammenhang der Artikel eine wichtige Funktion hat, um Nominalisierungen zu erkennen.

Auch die Begleitersuche sollte schon im Laufe des zweiten Schuljahrs eingeführt und geübt werden. Das ist besonders günstig, weil der Artikel ja häufig nicht direkt vor dem Nomen steht und die Kinder prüfen müssen, welches denn nun der »Chef« eines Artikels ist. Da Texte von Zweitklässlern noch weitestgehend konkrete Nomen enthalten, können sie per Handkontrolle leicht überprüfen, ob sie wirklich das richtige Wort als Chef erkannt haben. Damit entwickeln auch Kinder mit einer anderen Muttersprache allmählich ein grammatisches Gespür dafür, auf welches Wort sich der Artikel bezieht. Das hilft ihnen später, auch bei Abstrakta oder Nominalisierungen das richtige Wort großzuschreiben. Auch diese Strategie kann in vielen kleinen Schritten eingeführt und dadurch häufig wiederholt werden.

Stufen der Begleitersuche

- Wenn *der*, *die* oder *das* im Text vorkommt, muss der Chef gesucht und großgeschrieben werden.
- Auch *des*, *dem* und *den* sind solche Begleiter (bestimmte Artikel) und dienen als Signal für die Großschreibung des Chefs.
- Als nächster Schritt kommen die unbestimmten Artikel hinzu, und zwar entweder noch einmal unterteilt in *ein* und *eine* im ersten Schritt, dann die deklinierten Formen *eines*, *einer*, *einem* und *einen* im zweiten Schritt, oder alle sechs Formen gemeinsam.
- Im vierten Schuljahr werden ja schon Nominalisierungen von Adjektiven und Verben durchgenommen. Hier bietet sich an, die in Präpositionen versteckten Artikel (z. B. in *am*, *beim*, *im*, *vom*, *zum)* als weiteres Signal aufzubauen und auf diese Weise die Strategie der Begleitersuche zu wiederholen.

- In der fünften und sechsten Klasse können allmählich die »Ersatzbegleiter« eingeführt werden, also beispielsweise *dieser, solche, mein*. Da die sprachlich unbeholfenen Schüler/innen dann häufig verunsichert sind und viele andere Wörter wie *für* oder *auch* für Ersatzbegleiter halten, empfiehlt es sich, dass sie prüfen, ob ein Wort wirklich ein Ersatzbegleiter ist, indem sie ausprobieren, ob sich dieser Ersatzbegleiter im Text durch einen bestimmten oder unbestimmten Artikel ersetzen lässt, also: *bei solchen Berichten* ⟷ *bei den Berichten.*
- In höheren Klassenstufen kann schließlich als letzte Strategie eingeführt werden, dass man bei Unsicherheit prüft, ob man in den Textzusammenhang einen Artikel einsetzen könnte, der auf das fragliche Wort hinweist.

Wenn man die Begleitersuche einführt, ist es hilfreich, mit der Sprache spielerisch umzugehen, damit sich den Kindern intensiv einprägt, dass der »Begleiter« nicht immer direkt vor seinem »Chef« steht, und sie lernen, den Chef zu erkennen: Man spannt eine lange Leine und schreibt ein Nomen und seinen Artikel auf je ein gefaltetes Blatt, das man über diese Leine hängt, also beispielsweise

die | Frau

Nun müssen die Schüler/innen reihum immer mehr Wörter hinzufügen, indem sie diese auf ein gefaltetes Blatt schreiben, das sie zwischen Chef und Begleiter schieben, also z. B.:

die | junge | Frau
die | junge | , | hübsche | Frau
die | junge | , | hübsche | , | mit einem schwarzen Mantel bekleidete | Frau

Das Kärtchen mit dem schwarzen Mantel wird wahrscheinlich von der Lehrkraft beigesteuert, aber es ist wichtig, um anschließend zu zeigen, dass sich sogar ganze Wendungen mit anderen Nomen zwischen den Begleiter und seinen Chef schieben können. Anschließend kann man deutlich machen, dass man die Wörter zwischen Chef und Begleiter austauschen kann, ohne dass der Begleiter sich ändert. Wenn man aber *Mann* statt *Frau* einsetzt, muss sich auch der Begleiter ändern. Damit wird auch in solch langen Reihen deutlich, welches Wort der Chef des Begleiters ist.

Nachdem das Prinzip der langen Leine auf diese Weise augenfällig geworden ist, kann man daraus ein Spiel nach den Regeln von »Ich packe meinen Koffer« machen: Ein Kind nennt ein Nomen mit Begleiter. Das nächste Kind schiebt zwischen Nomen und Begleiter etwas ein, das nächste fügt wieder etwas hinzu, muss aber den ganzen nun entstandenen Ausdruck nennen, ohne etwas zu vergessen. Das Kind, das als letztes den vollständigen, immer mehr erweiterten Ausdruck nennen konnte, ohne etwas zu vergessen, hat gewonnen.

Anschließend wird die Begleitersuche mit Symbol als Prüfmethode eingeführt, und die Schüler/innen prüfen in Einzelarbeit, die Nomen mit der Prüfmethode zu erkennen, nur dass diesmal nicht eine ganze Reihe einzelner Wörter vorgegeben wird, sondern aus mehreren Wörtern bestehende Sinneinheiten, wie z. B.

in das eiskalte wasser springen
das aus brettern gebaute baumhaus
den ärger doch noch runterschlucken

Die Schüler/innen müssen den Begleiter unterstreichen, einen Pfeil zum Chef malen und dessen Anfangsbuchstaben in einen großen Buchstaben korrigieren. Beispiel:

den richtigen Chef suchen

Pfiffige Kinder werden z. B. bei *das aus brettern gebaute baumhaus* erkennen, dass auch *brettern* großgeschrieben werden muss. Das kann man anerkennen und erklären, dass eben nicht alle Chefs ihren Begleiter dabeihaben und deshalb auch die Handkontrolle noch ihre Funktion behält. An *den ärger doch noch runterschlucken* kann man erkennen, dass bei diesen Übungen natürlich auch abstraktere Begriffe vorkommen können, denn das Gute an der Begleitersuche ist ja gerade, dass die Schüler/innen damit schon früh Nomen erkennen können, die keine konkreten Gegenstände bezeichnen.

Erst nach diesem Schritt werden die Kinder aufgefordert, die Begleitersuche auch bei selbst geschriebenen Sätzen und Texten anzuwenden. Bei den späteren Erweiterungen durch versteckte Begleiter oder Ersatzbegleiter fallen diese Einführungen natürlich fort. Dafür müssen die Schüler/innen etwas länger üben, in Texten die Ersatzbegleiter als Signal für Großschreibung zu erkennen und das dazugehörende Nomen zu suchen.

Eine weitere generalisierbare Strategie besteht darin zu prüfen, ob im Kontext eines Satzes ein Artikel vor das Wort gesetzt werden kann, von dem der Schreiber vermutet, es sei ein Substantiv, oder ob ein anderes Wort durch den Artikel ersetzt werden kann. Das Problem ist hier, dass es für die Anwendung dieser Strategie kein anderes Signal gibt als die eigene Unsicherheit. Das heißt, die Strategie nützt erst dann etwas, wenn durch das Erlernen der anderen Strategien und durch das wortschatzbezogene Erlernen der Großschreibung ein gewisses Gespür dafür entstanden ist, welches Wort ein Substantiv sein könnte. Hinzu kommt, dass durch diese Artikeleinsetzprobe der Satz gelegentlich auch grammatisch oder inhaltlich verändert werden muss, z. B.

- grammatisch: *mit groß**em** Geschrei → mit ein**em** groß**en** Geschrei*
- inhaltlich: *die Aufführung war kein Erfolg → die Aufführung war ein Erfolg*

Da kann für die Schüler/innen dann durchaus die Frage entstehen, wie viel Veränderung bei der Probe denn zulässig ist. Die Veränderung *ich streiche den Zaun blau → ich streiche den Zaun mit dem Blau* könnte dann zu der Fehlentscheidung führen, das

Wort *blau* im ersten Satz auch großzuschreiben. Das bedeutet, dass diese Strategie erst dann eingeführt werden sollte, wenn die anderen Strategien sicher beherrscht werden, sodass sie quasi als Tüpfelchen auf dem *i* für die wenigen Fälle gebraucht wird, die ansonsten nicht zu lösen sind.

5.2.4 Die Großschreibung von Maßeinheiten

Die Großschreibung von Maßeinheiten ist ein besonderes Problem, denn es handelt sich um eine semantisch motivierte Großschreibung, aber man kann das Gemeinte weder anfassen noch haben. Und gerade Maßeinheiten kommen häufig ohne Artikel vor, etwa in *fünfundzwanzig Kilometer* oder *bei Tag und Nacht*. All diese Maßeinheiten beim ersten Auftauchen als Ausnahmewörter zu behandeln ist nicht ratsam, denn es sind doch sehr viele. Deshalb ist es sinnvoll, gegen Ende des sechsten Schuljahres die Handkontrolle noch einmal zu wiederholen und durch die Frage zu erweitern: »Kann ich es anfassen oder haben oder ist es eine Maßeinheit?« Dabei ist folgender Aufbau sinnvoll, der weitgehend dem Aufbau bei der Handkontrolle gleicht, aber mit anderen Schwerpunkten:

- Begegnung mit dem Problem, indem die Schüler/innen in normal vorgegebenen Sätzen die großgeschriebenen Wörter daraufhin überprüfen, mit welcher der bisher gelernten Strategien sie sie erkannt hätten. Solche Sätze könnten etwa sein: »Er arbeitete Tag und Nacht« oder »Die Jugendherberge war nur noch wenige Kilometer entfernt«.
- Nun erklärt man die Regel und sucht gemeinsam möglichst viele Maßeinheiten.
- Dann folgt eine ausführliche Übung anhand von Einzelwörtern, unter denen auch andere Nomen sein können; es geht aber speziell darum, die Maßeinheiten zu erkennen. Dabei können den Schüler/innen durchaus auch Maßeinheiten begegnen, bei denen ihnen vorher gar nicht bewusst war, dass sie sich auch als Maßeinheit betrachtet lassen, z. B. *Tag* oder *Winter*.
- Danach kann man sofort die prospektive Anwendung in mündlich vorgegebenen Sätzen üben.
- Dann erst schreiben die Schüler/innen Einzelsätze oder ganze Texte, die sie nach dem Schreiben noch einmal mit der erweiterten Handkontrolle überprüfen.

5.2.5 Die Kontrolle der Endbausteine

In der Schule wird den Kindern häufig auch beigebracht, Nomen anhand der Endbausteine *-heit*, *-keit*, *-nis*, *-schaft*, *-tum* und *-ung* zu erkennen. Diese Übung ist vor allem dann sinnvoll, wenn man die Schüler/innen in höheren Klassen allmählich in das morphematische Prinzip der Rechtschreibung einführen möchte. Aber es gibt nur wenige Nomen, die etwas bezeichnen, was man nicht anfassen oder haben kann, oder die in Texten nicht von einem Begleiter angekündigt werden, dann aber einen dieser Endbausteine vorweisen. So ist der fehlervermeidende Effekt dieser Prüfmethode sehr gering, wenn die Schüler/innen die anderen beiden Prüfmethoden gut gelernt haben.

Symbole für diese Begründung zur Großschreibung könnten ein Rechteck für den Endbaustein und der Pfeil zum Anfangsbuchstaben des Wortes sein, den man auf das Signal hin überprüft, ob man ihn großgeschrieben hat: 

Tab. 6: **Mögliche Verteilung der Strategien zur Großschreibung über die verschiedenen Schuljahre**

2. Schuljahr	• Großschreibung am Satzanfang • Handkontrolle für alles, was man anfassen kann • Begleitersuche für die bestimmten Artikel
3. Schuljahr	• Handkontrolle für alles, was man sich vorstellen kann anzufassen • Erweiterung der Begleitersuche um die unbestimmten Artikel
4. Schuljahr	• Handkontrolle für alles, was man haben kann • Erweiterung der Begleitersuche um die in Präpositionen versteckten Artikel • Anwendung der Begleitersuche mit den bisher gelernten Signalen auch auf nominalisierte Verben und Adjektive
5. Schuljahr	• Wiederholung der Handkontrolle • Wiederholung der Begleitersuche einschließlich dadurch erkennbarer Nominalisierungen von Verben und Adjektiven
6. Schuljahr	• Erweiterung der Begleitersuche um die Possessivpronomen • Erweiterung der Begleitersuche um die Demonstrativpronomen • Überprüfung solcher kleinen Wörter durch den Austausch gegen einen Artikel • Erweiterung der Handkontrolle um Maßeinheiten
7. Schuljahr	• Erweiterung der Begleitersuche um unbestimmte Pronomen (*alles*, *wenig* ...), auch angewandt auf nominalisierte Adjektive • Erweiterung der Begleitersuche durch die Artikeleinsetzprobe • Lernen und Kontrollieren der Nomenendbausteine
8. Schuljahr	• Ermitteln der eigenen Fehlerschwerpunkte und Wiederholen der dabei nützlichen Strategien, auch in der Großschreibung
9. Schuljahr	• Sonderfälle der Großschreibung

5.3 Das Erkennen des langen *i*

Sehr gut ist es, wenn die Kinder früh lernen, das lange *i* zu erkennen und spontan als *ie* zu schreiben, weil damit eine große Anzahl kognitiver Zusätze überflüssig wird. Die

Grundregel lautet: Der i-Laut in offenen Silben, das heißt in Silben, die auf /i:/ enden, ist immer lang und wird deshalb meist als *ie* geschrieben. Die Kinder zeigen das beim Wörterschwingen durch einen Looping im Silbenbogen an. Die Silbenbögen zu *Ziege* würde man also folgendermaßen in die Luft schwingen:

Beim Malen von Silbenbögen kann man den Bogen bis zum i-Punkt durchziehen:

Das *ie* kommt aber auch in geschlossenen Silben vor (z. B. *das Ziel, du schiebst*). Hier müssen die Schüler/innen schon früh lernen, die Grundform bei Verben, die Mehrzahl bei Substantiven oder die erste Steigerungsstufe bei Adjektiven zu bilden, um das lange *i* sicher zu erkennen.

Das Signal, das diese Strategie auslösen soll, ist jeder lang erscheinende i-Laut. Wenn die Kinder diese Strategie zunächst lange genug an offenen Silben geübt haben, erwerben sie ein intuitives Gespür für die Länge oder Kürze des *i*, das sie durch solche Strategien prüfen und damit festigen können.

Gefahrenpunkte

- Wörter, die auf *-ig* (z. B. *wenig*) oder *-ik* (z. B. *Musik*) enden, haben in Wortformen mit Deklinationsendungen eine offene Silbe (weni-ge, Musi-ker). Das *i* wird dennoch nicht als *ie* geschrieben.
- Wörter, in denen das lange *i* als einfaches *i* geschrieben wird, wie z. B. *Tiger*, *Benzin*, *Rosine*, sollten den Schüler/innen möglichst nicht begegnen, während sie gerade die Strategie zum Erkennen des langen *i* lernen. Später werden solche Wörter nach und nach als Merkwörter eingeführt. Und erst mit deutlichem Abstand kann die Zusatzregel, dass Wörter mit der Endung *-ine* und Fremdwörter nicht mit *ie* geschrieben werden, eine Hilfe beim Erlernen dieser Merkwörter sein.
- Es gibt einige Wörter, bei denen das *ie* nicht ans Silbenende zu bringen ist, z. B. *hier, er liest, sie hielt, es stiehlt.* Diese Wörter sind dann Merkwörter und müssen extra gelernt werden.

5.4 Ableitung von Verben mit t-Signal

Verben sind in der Grundform häufig lautgetreu (z. B. *gehen, sagen, rennen, laufen*), da der letzte Konsonant des Wortstamms durch die angehängte Grundformendung *-en* als Silbenanfang fungiert und daher deutlich gesprochen werden kann. Bei allen mit Konsonant beginnenden Flexionsmorphemen hingegen (*-st, -t, -te, -test, -tet, -ten*) ändert sich die Silbenstruktur so, dass der letzte Buchstabe des Wortstamms häufig nicht mehr deutlich sprechbar und auditiv-artikulatorisch diskriminierbar ist; bei der ä-Schreibung wird bei diesen Formen sogar der Vokal verändert.

Da alle genannten Flexionsendungen ein *t* enthalten, kann man dieses *t* als Signal nehmen, das anzeigt, dass man hier die Grundform bilden muss, um sich die richtige Schreibweise zu erschließen, das sogenannte t-Signal. Man kann den Schüler/innen gegenüber verdeutlichen, dass es sich bei diesen Flexionsendungen um grammatische Endungen handelt, und das *t* deshalb als »grammatisches *t*« bezeichnen. Dies empfiehlt sich als Abgrenzung zu anderen Wörtern mit *t* im Wortstamm, bei denen natürlich keine Ableitung gebildet werden kann und muss.
Diese Strategie der Ableitung von Verben deckt viele unterschiedliche Rechtschreibfälle ab. Sie kann für die verschiedenen Rechtschreibphänomene einzeln eingeübt werden, insbesondere wenn die Schüler/innen erst einmal üben müssen, aus der Lautung der Grundform die richtige Schlussfolgerung für die konjugierte Form zu ziehen. Damit ergeben sich viele Anlässe für eine Wiederholung dieser Strategie, sodass sie gut zu einer generalisierten Strategie ausgebaut werden kann. Folgende Gruppen lassen sich bilden:

- Verben mit *ie* (Ableitung zum Erkennen der offenen Silbe, z. B. *er zielt – zie·len*),
- Verben mit doppelt notiertem Mitlautzeichen (*du rennst – ren·nen, er rannte – ren·nen*),
- Verben mit Konsonanten am Ende des Wortstamms, die der kombinatorischen Verhärtung unterliegen (*b, d, g, s*; z. B. *er reibt – rei·ben, sie reist – rei·sen*),
- Verben mit *h* am Ende des Wortstammes (z. B. *er geht – ge·hen*),
- Verben mit *ß* am Ende des Wortstamms (z B. *er stößt – sto·ßen*),
- Verben mit *ä* in flektierten Formen, welches in der Grundform zu *a* wird (*er hält – halten*).

Das Erkennen nicht lautgetreuer Schreibung bei Verben durch Zurückführen auf die Grundform sollte den Schüler/innen eigentlich von der Grundschule her bekannt sein. Aber auch hier weiß man nicht, wie gut die Grundschule vorgearbeitet hat. Außerdem gibt es Schüler/innen mit so schlechtem Sprachgefühl, dass sie auch im fünften Schuljahr noch Schwierigkeiten haben, zu einer Verbform mit t-Signal selbstständig die richtige Grundform zu finden, insbesondere wenn der Vokal in der Imperfektform verändert ist (z. B. *kennen – er kannte*). Die entsprechenden Schlussfolgerungen für die Schreibung der konjugierten Form zu ziehen ist ebenfalls nicht allen Schüler/innen selbstverständlich. Für manche von ihnen geht es also um einen dreifachen Lernprozess, nämlich

- die richtige Grundform zu finden,
- die richtige Schlussfolgerung für die Schreibung der konjugierten Form zu ziehen und
- das *t* in der Endung von Verben als Signal zu erkennen, um diese gelernte Denkbewegung durchzuführen.

Deshalb ist es sinnvoll, für die langsamer lernenden Schüler/innen eine ausreichende Menge an Übungsmaterial bereitzustellen und sie nicht durch zu große Schritte in der Einführung zu überfordern. Wenn man dies sorgfältig übt, werden so viele Fehler vermieden, dass sich die Schüler/innen zum Anwenden der Strategien motivieren lassen. So wird auch die Anwendung der anderen beiden, schwieriger zu erlernenden Ableitungsstrategien gut vorbereitet. Unabhängig davon, wie klein oder groß man die Schritte wählt, ist folgender Aufbau sinnvoll:

- Begegnung mit dem Phänomen und Verstärken der lautgetreuen Schreibung, indem man die davon abweichende Schreibung als das Besondere betont, das eine eigene Begründung braucht.
- Bewusstmachen des Signals (*t* in der Endung eines Verbs) und Einführung der Strategie mit dem Doppelpfeil als dazugehörendem Symbol, auf den die durch die Grundform erkennbare, vom Lautgetreuen abweichende Schreibung geschrieben wird.
- Zu einzelnen Verben mit t-Signal die richtige Grundform finden und die durch die Ableitung erkennbare besondere Schreibung auf den Doppelpfeil schreiben (Übung der richtigen Denkbewegung).
- Verben mit t-Signal in Einzelsätzen und/oder Texten erkennen und die Strategie darauf anwenden (Übung der Signalerkennung).
- In selbst geschriebenen Sätzen und/oder Texten nach dem Schreiben die Verben mit t-Signal suchen und ihre Schreibung durch Ableitung überprüfen.
- Prospektiv in vorgelesenen Sätzen die Verben mit t-Signal erkennen und nur diese schreiben und durch Ableitung überprüfen.

Wenn man den Schüler/innen diese Strategien in Übungen oder Diktaten abverlangt, muss man die Ableitmöglichkeit der Verben vorher kontrollieren. Es gibt einige Fallen, bei denen die Ableitung genau zur falschen Entscheidung oder zumindest nicht zur Klärung führt. Solche Wörter dürfen natürlich nicht im Zusammenhang mit der Übung dieser Strategie vorkommen. Sie müssen deutlich später, wenn die Strategie schon gut geübt ist, als Merkwörter eigens eingeführt werden mit dem Hinweis, dass hier die übliche Strategie in die Irre führt. Solche Ausnahmen sind z.B.:

- Verben, die auch in der Grundform ein *ä* enthalten, weil sie erst in einem zweiten Schritt von einem Wort mit *a* ableitbar sind (z.B. *er kämmt, er schält*),
- Verben mit nicht ableitbarem doppeltem Mitlautzeichen (*er nimmt – nehmen, er tritt – treten*),
- Verben mit nicht ableitbarem *ie* bzw. *ieh* (z.B. *er sieht – sehen, er stiehlt – stehlen, er empfiehlt – empfehlen, er hielt – halten*).

Diese Liste ist wahrscheinlich noch ergänzungsbedürftig. In diesem Zusammenhang darf man auch nicht erwarten, dass die Kinder starke Verben im Imperfekt (z.B. *er kam, er erschrak, er saß, er pfiff*) richtig schreiben, denn das Zurückführen auf die Grundform führt hier in die Irre. Diese Verbformen haben ja auch kein t-Signal, ihre

Schreibung ist mit dieser Strategie nicht zu erschließen, und es wäre ein ausgesprochener Lehrfehler, wenn Lehrkräfte den Schüler/innen in diesem Zusammenhang auch die Schreibung solcher Verbformen abverlangen würden.

In der zweiten Person Singular und Plural haben auch die starken Verben im Imperfekt ein grammatisches *t* (z. B. *du kamst*, *ihr kamt*). Diese Verbformen sind aber im Schriftdeutschen äußerst selten, da sie nur für die schriftlich referierte wörtliche Rede in Betracht kommen, die im Imperfekt recht gestelzt klingt. Lehrer/innen sollten daher auf das Üben und Abfragen dieser Verbformen im Rechtschreibunterricht verzichten. Schreiber kommen normalerweise erst dann in die Situation, eine solche Verbform von sich aus zu gebrauchen, wenn ihnen der Umgang mit starken Verben im Imperfekt schon so geläufig ist, dass diese Schreibweise kein Problem mehr bereitet.

Man erkennt, dass die Strategie ausreichend automatisiert wurde, wenn man beobachten kann, dass die Schüler/innen bei Verben mit t-Signal schon beim Schreiben kurz innehalten, um die Verben dann richtig zu schreiben. Bei der Durchsicht von Texten finden sich dann bei Verben mit t-Signal kaum noch Korrekturen oder Falschschreibungen. Wenn einzelne Schüler/innen trotz einiger Übung immer noch Fehler bei den durchgenommenen Rechtschreibphänomenen machen, kann das drei verschiedene Ursachen haben:

1. Sie schauen ihre Texte so ungenau durch, dass sie nicht alle Verben mit t-Signal erkennen. Man kann das herausbekommen, wenn man die Schüler/innen bittet, unter das t in der Verbendung einen dicken Punkt als »Prüfsiegel« zu malen. Dann erkennt man die übersehenen Verbformen sofort. Diese Schüler/innen haben die Signalerkennung zu wenig geübt und müssen diesen Schritt nachüben.
2. Die Schüler/innen finden zwar das t-Signal und bilden auch die Grundform, wie sie es gelernt haben, aber lassen den Rückschluss auf die konjugierte Form weg. Häufig haben diese Schüler/innen in der Grundschule zwar die Ableitung, aber nicht die zweiteiligen kognitiven Zusätze geübt. Hier muss die vollständige Denkbewegung noch einmal nachgeübt werden, indem die Schüler/innen zu Verbformen mit t-Signal nicht nur den Doppelpfeil malen, die Grundform danebenschreiben und die dadurch erkennbare nicht lautgetreue Schreibung auf den Doppelpfeil schreiben, sondern auch die gewünschte Denkbewegung ausformuliert halblaut vor sich hin sprechen: »*Sie erkannte* gehört zu *er-ken-nen*, also *sie erkannte* mit Doppel-n.«
3. Es kann aber auch sein, dass die Schüler/innen in der lautgetreuen Schreibung nicht sicher sind. Bei Fehlern in der Doppelung halten sie vielleicht die Silbenpausen nicht so ein, dass doppelte Mitlaute in der Grundform doppelt hörbar werden. Bei Fehlern in der Auslautverhärtung können sie vielleicht auch an lautgetreuen Stellen *g* und *k*, *b* und *p* und *d* und *t* nicht sicher unterscheiden. Wenn sie beim silbentrennenden *h* Schwierigkeiten haben, haben sie vielleicht die Rechtschreibsprache des betreffenden Wortes noch nicht gelernt, wissen also nicht, dass man *ausruhen* mit deutlichem *h* am Beginn der letzten Silbe sprechen muss. Man er-

kennt das daran, dass diese Schüler/innen auch in der lautgetreuen Schreibung deutlich mehr Fehler machen als andere. Hier muss man prüfen, ob diesen Schüler/innen dadurch zu helfen ist, dass sie eine Zeit lang Silbenbögen unter Lesetexte malen, ob sie Förderstunden brauchen, in denen sie die entsprechenden Strategien nachlernen, oder ob das Problem so gravierend ist, dass ihnen nur mit einer speziellen Legasthenie-Therapie zu helfen ist.

5.5 Die Verlängerung von Wörtern

Eine ebenso wirksame generalisierbare Strategie ist das Verlängern von Wörtern, die mit dem Wortstamm enden. Nur ist hier das Signal für die Anwendung dieser Strategie weniger eindeutig und deshalb schwerer zu erlernen.

Eine erste Einführung kann am Beispiel der Auslautverhärtung stattfinden: Die Laute /p/, /t/ und /k/ am Wortende können als Signal genommen werden, das Wort zu verlängern und die Schreibweise zu überprüfen. Da die auditiv-artikulatorischen Signale durch ihre kurze zeitliche Präsenz schwer zu erkennen sind, nimmt man zunächst die Buchstaben *b/p*, *d/t* oder *g/k* am Wortende als visuelle Signale, um das geschriebene Wort bei einem Korrekturdurchgang noch einmal zu überprüfen, und nennt dieses Signal das »Peteka-Signal«.

Allerdings gibt es im fünften Schuljahr, wenn diese Strategie frühestens als generalisierte Strategie eingeführt werden soll, schon so viele Wörter mit Auslautverhärtung, die die Schüler/innen sicher schreiben können, dass man sie nur nerven würde, würde man von ihnen verlangen, alle Wörter mit diesen sechs Buchstaben am Ende durch Verlängerung zu überprüfen. Stattdessen kann man ihnen von Anfang an zugestehen, dass sie zunächst bei jedem Wort mit Peteka-Signal kurz überlegen, ob sie es schon sicher schreiben können oder ob sie die Schreibung zur Sicherheit durch Verlängerung überprüfen sollten. Dadurch üben die Schüler/innen schon bei diesem sehr augenfälligen Signal, die eigene Unsicherheit zu beachten und als Signal für die Überprüfung ernst zu nehmen. Deshalb ist folgender Aufbau sinnvoll:

- Begegnung mit dem Phänomen durch Reimwörter, wie z.B. *Kleid – Streit*, *Welt – Geld* und Betonen der Grundregel: Der Laut am Ende des Wortes ist nicht gut zu erkennen, klingt aber eher wie ein harter Laut. Deshalb brauchen die Buchstaben *b*, *d* und *g* am Wortende eine Begründung. Wenn wir keine solche Begründung haben, schreiben wir *p*, *t* oder *k*. Man kann dann erörtern, dass die Schreibung mit *d* bei *Kleid* oder *Geld* eine Lesehilfe ist, die uns sofort zeigt, dass *Kleid* und *Kleider* oder *Geld* und *Gelder* zusammengehören. Durch diese Lesehilfe wird das Lesen zwar leichter, das Schreiben aber schwieriger.
- Nun kann man die Schüler/innen erst einmal Wörter mit einer solchen Lesehilfe sammeln lassen. Natürlich werden sie dabei auch Wörter mit *h* als »Längenzeichen« und anderen Lesehilfen nennen, denn auch bei diesen Wörtern haben sie ja schon gelernt, dass diese Schreibweise eine Lesehilfe ist. Man schreibt aber nur die

Übung 1

1. Male neben jedes Wort den Doppelpfeil und schreiben die richtige Verlängerung daneben:
   – Nomen – Mehrzahl: *Kalb – Kälber*
   – Adjektive – Steigerung: *grob – gröber*
   – Verben – Verbform mit »wir«: *er gab – wir gaben*
2. Schreibe den Buchstaben, den man erst durch die Verlängerung richtig erkennen kann, auf den Doppelpfeil.
3. Male einen dicken Punkt als Prüfstempel unter das Peteka-Signal.

Rad ←d→ Räder

Berg ←g→ Berge

blöd ←d→ blöder

sie schrieb ←ie/b→ wir schrieben

hungrig ←g→ hungriger

blühend ←d→ blühende

breit ←t→ breiter

Welt ←t→ Welten

er trug ←g→ wir tragen

Gegend ←d→ gegenden

grob ←b→ gröber

Abb. 4: Dieser Junge hat selbstständig das nicht zu steigernde Adjektiv »blühend« durch die weibliche Adjektivendung verlängert. Mit der Wir-Form in der Vergangenheit hat er noch Schwierigkeiten.

Wörter mit *b*, *d* und *g* im Auslaut an, eventuell schon in drei Gruppen geordnet. Die Schüler/innen suchen dann zu jedem Wort eine Form, in der man den weichen Laut deutlich hört, und schreiben sie daneben.

- Nun wird mit den Schüler/innen noch einmal systematisch erarbeitet, wie sie die einzelnen Wörter verlängern müssen, um zu erkennen, ob diese eine Lesehilfe brauchen. Bei Substantiven wird in der Regel die Mehrzahl gebildet, und zunächst werden auch nur solche Substantive ausgewählt, bei denen das möglich ist – Wörter wie *Park*, *Staub* und *Laub* nimmt man erst später durch! Bei Adjektiven wird die erste Steigerungsform gebildet (*gelb – gelber*) und bei Verben die erste Person Plural mit *wir* davor.[2] Dieses Verlängern der Wörter kann nun wiederum an einzelnen Wortreihen geübt werden (vgl. Abb. 4). Je nach Leistungsstand der Klasse mischt man gleich alle drei Wortarten, sodass die Schüler/innen bei jedem Wort selbstständig überlegen müssen, auf welche Weise sie es verlängern, oder man lässt das Verlängern erst einmal an einer bestimmten Wortart einschleifen.
- Wenn die Schüler/innen die Strategie nun an Einzelwörtern üben sollen, so können die Wörterlisten etwas umfangreicher sein als etwa bei der Übung zum t-Signal. Dafür wird ihnen zugestanden, dass sie bei den Wörtern, bei denen sie sich schon sicher fühlen, den Endbuchstaben ergänzen, ohne den Doppelpfeil und die Pluralform danebenzuschreiben. Bei der anschließenden Durchsicht mit der Lehrkraft kann, wenn mehrere Fehler gemacht wurden, besprochen werden, ob das Kind vielleicht doch noch zu ungeübt in der Rechtschreibung ist, um sein eigenes Nichtwissen wahrzunehmen. Die Konsequenz daraus ist dann die Empfehlung, jedes Wort mit Peteka-Signal durch Verlängerung zu überprüfen.
- Das bisher Gesagte entspricht völlig dem in der Schule üblichen Regellernen. Nun aber müssen wir die Schüler/innen anleiten, die Signale zu erkennen, bei denen sie die geübte Strategie der Verlängerung anwenden müssen. Da die Schüler/innen die Wörter beim Diktat- oder Aufsatzschreiben ja zunächst nicht sehen, sondern hören oder (lautlos) vor sich hinartikulieren, muss man erst einmal von einem akustisch-artikulatorischen Signal ausgehen, nämlich von den Lauten /p/, /t/ und /k/ am Wortende. Da die akustischen Signale aber so flüchtig und deshalb so schwer zu erkennen sind, nehmen wir als visuelles Signal die beiden am Wortende möglichen graphemischen Alternativen zu diesem Laut, nämlich *b/p*, *d/t* und *g/k*. Die Schüler/innen üben nun an vorgegebenen Sätzen oder kleinen Texten, diese Signale zu suchen und als Auslöser für das Verlängern zu gebrauchen. Sie malen unter diese sechs Buchstaben am Wortende einen dicken Punkt als »Prüfstempel« und schreiben die Verlängerung, mit deren Hilfe sie bei selbst geschrie-

2 Da Verbformen mit Auslautverhärtung kein grammatisches *t* enthalten, wird auf keinen Fall die Grundform, sondern unbedingt die Wir-Form gebildet. Bei der Auslautverhärtung spielt das zwar noch keine sonderlich große Rolle, aber bei vielen starken Verben, die in der Vergangenheitsform ja kein grammatisches *t* haben, führt die Bildung der Grundform zu Fehlern. Nur wenn das Bilden der Wir-Form geübt wurde, können Fehler vermieden werden, z. B. bei *er begriff*, *er traf*, *er saß*.

Übung

1. Suche die Wörter mit Peteka-Signal (b/p, d/t, g oder k am Wortende).
2. Schreibe die Verlängerung darüber, durch die du den Buchstaben richtig gut erkennen kannst.
3. Male einen dicken Punkt als Prüfstempel unter das Peteka-Signal.

Karin lag am Strand, grub mit der linken Hand ein Loch und

baute daneben einen Berg. Nun stand sie auf, ging zum

Wasser und schöpfte mit beiden Händen Meerwasser. Sie

trug es vorsichtig zu ihrem Bauwerk. Doch als sie ankam,

waren ihre Hände schon leer.

Abb. 5: Übungstext zum Erkennen und Überprüfen des Peteka-Signals

benen Texten ihre Schreibung überprüfen könnten, über das Wort (vgl. Abb. 5). Es ist sinnvoll, die Ableitung der Wörter mit Auslautverhärtung erst einzuführen, wenn die Ableitung der Wörter mit grammatischem *t* schon gut gefestigt ist und einige Zeit zurückliegt. Dann kann man den Schüler/innen deutlich machen, dass sie die Personalform der Verben mit *t* in der Endung nach dem Wortstamm ja schon kennen und wissen, dass dieser Laut immer *t* geschrieben wird. Diese Wörter brauchen sie nicht zu verlängern.

- Wenn die Schüler/innen dann in selbst geschriebenen Sätzen oder Texten die Wörter mit Peteka-Signal noch einmal heraussuchen, ist es ganz wichtig, dass sie unter jedes geprüfte Peteka-Signal den Punkt als Prüfstempel malen. Dadurch kann die Lehrkraft erkennen, ob das Kind noch Schwierigkeiten bei der Signalerkennung oder der Durchführung der richtigen Denkbewegung hat.
- Als Abschluss einer solchen Sequenz kann die Strategie nun in einem Diktat überprüft werden, in dem viele Wörter mit Auslautverhärtung vorkommen, die in dieser Form vorher nicht geübt wurden, allenfalls bei ungebräuchlichen Wörtern in der verlängerten Form. Soll in dem Diktat etwa das Wort *Steg* vorkommen, so könnte es sein, dass einige Schüler/innen das Wort nicht kennen. In diesem Fall muss man natürlich vorab erarbeiten, was Stege sind, aber man muss nicht mehr unbedingt das Wortbild *Steg* einüben. Wichtig ist, dass man den Schüler/innen nach dem Diktat genügend Zeit lässt, die gelernte Strategie anzuwenden, indem sie die Signale suchen und die Wörter verlängern.

- Wenn die Strategie des Verlängerns später mit zeitlichem Abstand auf ein anderes oder vielleicht sogar auf alle anderen Rechtschreibphänomene ausgedehnt werden soll, ist es besonders wichtig, die eigene Unsicherheit als Signal bewusst einzuführen. Man könnte sogar etwas ausführlicher besprechen, woran die eigene Unsicherheit denn zu erkennen ist:
  - wenn man sich selbst zuredet: »Wird schon richtig sein ...«
  - Unbehagen beim Schreiben
  - eine innere Haltung wie »Augen zu und durch«

Danach ist es eine Zeit lang unumgänglich, dass die Schüler/innen unter jedes mit dieser Strategie geprüfte Wort den Prüfstempel malen. Dann können sie bei angestrichenen Rechtschreibfehlern erkennen, ob sie diesen Fehler durch Verlängern des Wortes hätten vermeiden können. Auf diese Weise können sie sich selbst eine Rückmeldung über ihre Signalerkennung geben. Das geschieht natürlich nur, wenn die Lehrkräfte die Schüler/innen zu dieser Art von Fehlerprüfung anleiten.

5.6 Wörter auseinandernehmen und den ersten Teil verlängern

In Tabelle 4 auf Seite 26 ist als dritte Strategie das Auseinanderbrechen und Verlängern von Wörtern aufgeführt. Es ist erstaunlich, wie schwer sich manche Kinder mit dieser Strategie zunächst tun. Viele von ihnen schaffen es zwar, das Wort in zwei Bausteine zu zerlegen, aber trotzdem verlängern sie dann nur den zweiten Teil oder setzen gar den ermittelten Buchstaben an die falsche Stelle, beispielsweise in folgenden bei verschiedenen Gelegenheiten beobachteten Gedankenketten:

- »*Freundschaft – Freundschaften*, also mit *t*« → **Freuntschaft*
- »*Freundschaft – Freund – Freunde*, also hinten *d*« → **Freundschafd*
- »Das sieht aber komisch aus, also doch mit *t*« → **Freuntschaft*

Deshalb ist es sinnvoll, diesen ersten Ansatz der Zerlegung von Wörtern in ihre Bausteine als eigene Strategie sorgfältig zu üben. Beginnen kann man hier auch wieder mit dem Peteka-Signal (vgl. S. 81). Aber nun geht es nicht um diese sechs Buchstaben am Ende eines Wortes, sondern am Ende einer Silbe – eine gute Gelegenheit, das Malen von Silbenbögen noch einmal zu wiederholen.

- Da die Schüler/innen das Verlängern von Wörtern inzwischen geübt haben, kann man daran anknüpfen und direkt in das Problem hineinführen.
- Dann wird die Strategie sorgfältig erarbeitet. In Abgrenzung vom bereits bekannten Verlängern eignet sich hier der Begriff »Knackswörter«, denn man muss die Wörter erst auseinanderbrechen wie eine Salzstange, die dabei knackst.
- Als Nächstes wird die Signalerkennung trainiert, indem die Schüler/innen aus einem selbst gewählten Text möglichst viele Knackswörter heraussuchen. Wenn

sie dabei nicht nur Wörter mit Peteka-Signal heraussuchen, sondern sofort erkennen, dass es auch für andere Rechtschreibprobleme eine Hilfe ist, Bausteine abzutrennen und den vorderen Teil zu verlängern, so ist das natürlich sehr wünschenswert und kann entsprechend honoriert werden. Aber man sollte nicht meinen, weil ein Teil der Schüler/innen von sich aus auf die Generalisierung der Strategie gekommen ist, könnten sie nun alle generell anwenden. Für die schwächeren Schüler/innen lohnt es sich trotzdem, die verschiedenen Rechtschreibfälle zur Wiederholung zu nutzen. Allerdings ist es sinnvoll, dies sofort zu tun, noch bevor die Strategie beim Peteka-Signal automatisiert wird. Denn dann kann man die eigene Unsicherheit mit noch größerem Nachdruck als Signal erarbeiten.

Die bisherigen Übungen fanden an schriftlich vorgegebenem Material statt, wo die Rechtschreibbesonderheit ja schon sichtbar war. Geübt wurde eigentlich nur, wie man diese Schreibweise begründen kann. Etwas ganz anderes ist es, selbstständig die Stellen zu finden, wo sich eine vom Lautgetreuen abweichende Schreibung verstecken könnte, und diese dann durch Auseinanderbrechen und Verlängern zu überprüfen. Deshalb ist es wichtig, den nächsten Schritt den Schüler/innen nicht nur zur Übung zu übergeben, sondern ihn vorher noch einmal ausführlich gemeinsam zu besprechen:

- Anwendung dieser Prüfmethode auf selbst geschriebene Sätze oder Texte und sorgfältiger Aufbau des entsprechenden Signals, nämlich die eigene Unsicherheit in der Schreibweise des Wortes zu bemerken, ernst zu nehmen und als Handlungsaufforderung zu benutzen. Sinnvoll ist es, den schon an anderer Stelle eingeführten Prüfstempel wiederzubeleben, um feststellen zu können, wo noch Fehler auftauchen. Wenn Wörter trotz einer Überprüfung noch falsch geschrieben werden, müssen die Prüfungsschritte geübt werden; wenn ungeprüfte Wörter falsch geschrieben werden, die Signalerkennung.

5.7 Große oder kleine Schritte bei der Strategievermittlung?

Es gibt Klassen, die sich mit dem Erlernen der Rechtschreibung leichter tun, und andere, die mehr Schwierigkeiten haben. Dies ist zum Teil von der Schulform abhängig und davon, in welchem Schuljahr man die Strategien einführt (vgl. Kap. 8/S. 106 ff.). Sogar innerhalb einer Schulform und einer Klassenstufe kann es je nach Einzugsgebiet beträchtliche Unterschiede geben. Aber auch langsamer lernende Klassen langweilen sich, wenn sie dasselbe immer wieder neu durchkauen müssen – auch sie wollen merken, dass sie Fortschritte machen. Das Lernen der Rechtschreibstrategien bietet die Möglichkeit, die Lernschritte kleiner oder größer zu gestalten.

Der Vorteil der Strategien ist ja, dass dieselbe Grundstrategie für viele unterschiedliche Rechtschreibphänomene gilt (vgl. Tab. 4, S. 26). Wenn man eine langsam lernende Klasse hat, führt man eine Strategie zunächst für einen kleinen Bereich ein und übt sie daran. Dann erst erweitert man auf den nächsten Bereich und übt daran dieselbe Strategie, während man sie bei starken Klassen gleich auf verschiedene Phänomene anwenden kann.

Bei der Strategie der Begleitersuche beispielsweise kann man bei langsam lernenden Klassen zunächst auf die bekannte Regel »Wenn *der*, *die* oder *das* davorsteht, wird großgeschrieben« zurückgreifen und diese Regel erst einmal modifizieren in: »Die Begleiter *der*, *die* oder *das* sind ein Signal, den Chef zu suchen und großzuschreiben. Aber der Chef kann auch weit von seinem Begleiter entfernt stehen.« In einem zweiten Schritt kann man den Schüler/innen deutlich machen, dass auch die Wörter *des*, *dem* und *den* solche Begleiter sind, die auf einen großzuschreibenden Chef hinweisen. Nun üben die Schüler/innen also, diese sechs Signale zu beachten, und wiederholen damit implizit das zuerst Gelernte. Als Nächstes kommen dann die unbestimmten Artikel hinzu, und mit etwas Abstand ermöglichen die in Präpositionen versteckten Artikel eine weitere Wiederholung dieser Strategie. In schnell lernenden Klassen hingegen wird man wahrscheinlich gleich die bestimmten und unbestimmten Artikel gemeinsam einführen und allenfalls die in Präpositionen versteckten Artikel für eine Wiederholung nutzen.

Ebenso kann man für die Einführung des t-Signals ein bestimmtes Rechtschreibphänomen wählen, z. B. die Doppelung, oder gleich sämtliche Rechtschreibphänomene mit einbeziehen und allenfalls die ä-Schreibung noch auslassen und gesondert einführen. Und selbst wenn man mit der Doppelung beginnt, kann man diese noch in drei Schritte aufteilen, indem man zunächst nur an Präsensformen übt, dann verdeutlicht, dass auch die Verben in der Vergangenheit zum großen Teil ein t-Signal haben, aber gelegentlich den Vokal verändern. Und schließlich kann man Partizipialkonstruktionen gesondert einführen und aufzeigen, dass man auch dort durch Ableitung von der Grundform eines Verbs die Doppelung hörbar machen kann, etwa bei *bestimmt – bestimmen* oder *unerkannt – kennen*.

Bei der Strategie des Wörterverlängerns ist es sinnvoll, mit dem Peteka-Signal zu beginnen (vgl. S. 81). Aber es steht im Ermessen der Lehrkraft, ob sie nur mit dem Verlängern von Nomen beginnt oder gleich Adjektive oder sogar Verben mit hinzunehmen will. Bei den Verben ist aber zu beachten, dass ihre gesonderte Behandlung zurzeit noch in allen Klassen unabhängig von der Leistungsstärke sinnvoll ist, weil das Bilden der Wir-Form nicht nur für Schüler/innen, sondern auch für Eltern, die ihren Kindern bei den Hausaufgaben helfen, neu und gewöhnungsbedürftig ist.

Bei den »Knackswörtern« (Strategie: Auseinanderbrechen und verlängern, vgl. S. 85) kann man zunächst die aus zwei Wortstämmen zusammengesetzten Nomen (und evtl. auch gleich die Adjektive) nehmen und daran das Auseinanderbrechen und Verlängern des vorderen Wortteils üben (z. B. *Tragfläche – tragen*) und dann erst die mit Konsonanten beginnenden Suffixe als Wiederholungsgelegenheit nutzen (z. B. *erträg**lich** – tragen*).

5.8 Didaktische Weiterentwicklung der strategiegeleiteten Rechtschreibung

Sicher gibt es noch mehr Strategien zur Bewältigung der Rechtschreibung als die hier genannten. Manche davon mögen für die Schüler/innen auch wirklich wichtig sein, z. B. bei *das/dass* nach einem Komma zu prüfen, ob es mit einem oder zwei *s* geschrieben werden muss.

Besonders für die in der Oberstufe gelehrten Feinheiten der korrekten Orthografie liegen bisher noch keine Erfahrungen vor, da das Konzept des strategiegeleiteten Rechtschreiblernens aus der Rechtschreibförderung für schwache Rechtschreiber entstanden ist. So lassen sich sicher zu der Regel, dass Adjektive und Partizipien großgeschrieben werden, wenn sie mit Wörtern wie *alles, manches, wenig* oder *nichts* verbunden werden, noch Strategien entwickeln, die, wenn sie erst einmal griffig formuliert und erprobt sind, Eingang in die Rechtschreibdidaktik finden sollten, ebenso etwa die verschiedenen Varianten der Adjektive auf *-(i)sch.*

Hier kann in den nächsten Jahren noch einiges entwickelt werden. Allerdings sollte man sich davor hüten, mit dem Erarbeiten von Strategien genauso spitzfindig zu werden wie einst mit dem Erarbeiten von Rechtschreibregeln. Wenn eine Strategie nur für wenige Wörter anwendbar ist, ist es oft sinnvoller, diese Wörter als Merkwörter zu behandeln, als den Schüler/innen eine ausgeklügelte Strategie mit vielen »wenn«, »dann« und »aber« beizubringen. Und vielleicht würde es ja auch nichts schaden, die Festlegungen im Duden nicht bis in jede Einzelheit als Evangelium zu betrachten. Wenn man die korrekte Orthografie als eine Lesehilfe betrachtet, so ist z. B. fraglich, ob sich der Lernaufwand für die korrekte Schreibung des Wörtchens *zurzeit* gegenüber der Wendung *zur Zeit* lohnt, wenn man dem die Zeitersparnis beim Lesen durch korrekte Schreibung entgegenhält.

6. Hinführung der Schüler/innen zur morphemorientierten Schreibung

Die in den letzten Abschnitten beschriebenen Formen der Ableitung von Wörtern sind letztlich nötig, weil unsere Schriftsprache keine reine Lautschrift ist, sondern die Morpheme als kleinste sinntragende Einheiten immer gleich geschrieben werden, auch wenn sich ihre Aussprache umgebungsbedingt verändert. Daher besteht die höchste, dem Wesen unserer Schriftsprache angemessene Rechtschreibkompetenz darin, den morphematischen Aufbau eines Wortes zu durchschauen und sowohl zur intuitiven Annäherung an ein erstes Wortverständnis als auch zum Erschließen und Einprägen der richtigen Rechtschreibung zu nutzen. Geübte Schriftsprachbenutzer kommen schließlich an den Punkt, dass sie, wenn sie z. B. das Wort *geläufig* zum ersten Mal schreiben wollen, bei dem Laut /oi/ stutzig werden, unter Umständen im Wörterbuch nachschlagen und dann an der Schreibung mit *äu* erkennen, dass das Wort von *laufen* kommt. Nun wird ihnen auch der inhaltliche Zusammenhang zwischen diesen beiden Wörtern deutlich, und diese inhaltliche Erkenntnis trägt dazu bei, dass sie sich ohne große Mühe die Schreibweise mit *äu* einprägen.

Im Grunde sind die bisher vorgestellten Strategien zur Ableitung nicht lautgetreuer Schreibungen eine indirekte, allmähliche Hinführung der Schüler/innen zur morphematisch orientierten Rechtschreibung. Sie fördern zunächst einmal das bewusste Erkennen der Verwandtschaft zwischen den verschiedenen Wortformen. Es gibt aber noch einige andere Strategien, die für die Bewältigung der Rechtschreibung notwendig sind und das morphematische Denken sehr viel direkter vorbereiten.

6.1 Die Überprüfung der Schreibung mit *ä* oder *äu*

Wie in Tabelle 4 auf S. 26 schon durch Hervorhebung angedeutet, ist die Ableitung von Wörtern, bei denen man eine Schreibung mit *ä* oder *äu* vermutet, ein Sonderfall. Während bei den anderen Rechtschreibphänomenen das Verlängern hilft, Rechtschreibbesonderheiten zu erkennen, tritt die Schreibung mit *ä* oder *äu* häufig gerade in der verlängerten Form auf und ist durch das Zurückführen auf die Grundform erkennbar. Deshalb muss diese Strategie in einem eigenen Schritt eingeführt werden, der das morphematische Denken in der Rechtschreibung intensiv vorbereitet. Denn hier geht es nicht nur um das Verlängern, sondern um das Zusammendenken des Wortstammes und der verlängerten Form. Wenn man ein Grundwort schreibt, ist es gut, die Verlängerung quasi im Hinterkopf zu haben, umgekehrt bei der Verlängerung die Grundform.

Auch die Ableitung bei Verben mit t-Signal hilft nur bei einigen Wörtern, das *ä* oder *äu* zu erkennen (z.B. *sie schläft – schlafen*). Bei vielen anderen Verben wird man in die Irre geführt, wenn man nicht einen weiteren Schritt anhängt, nämlich das Zurückführen auf einen Wortstamm mit *a* oder *au* (z.B. *er kämmte – kämmen – Kamm*). Auch das ist morphemorientierte Rechtschreibung, die hier intensiv trainiert wird.

Die Grundregel lautet: Ein *ä* oder *äu* darf man nur schreiben, wenn man es auf ein Wort mit *a* oder *au* zurückführen kann oder die Schreibung als Merkschreibung gelernt hat. Wobei viele Wörter mit *ä/äu* zwar ableitbar sind, aber die Ableitung liegt oft so fern, dass die Wörter als Merkschreibung gelernt werden müssen und die Ableitung im kognitiven Zusatz nur eine Merkhilfe darstellt (z.B. *spärlich – sparen* oder *Mädchen – Madl*). Wollte man aber auf das Generalisieren der Ableitungsstrategie verzichten, so müssten zu viele selten auftretende Wortformen gespeichert werden.

Signal für die Strategie sind die Laute /ɛ/ und /oi/, die aber so häufig vorkommen, dass es unsinnig wäre, jedes Mal Ableitungen zu bilden. Viel wichtiger ist die eigene Unsicherheit. Wenn in der Schule das Phänomen der ä/äu-Schreibung durchgenommen wird, beginnen viele Schüler/innen, Wörter wie *Bett* oder *Herz*, die sie eigentlich längst beherrschen, plötzlich mit *ä* zu schreiben. Deshalb ist das Erlernen der Überprüfungsmethode sehr wichtig.

6.2 Das Erkennen der Vorsilben mit Rechtschreibbesonderheiten

Die Vorsilben *ver-* und *vor-* sind sehr häufig, und wenn der Laut /f/ als unsichere Schreibung gilt, die nur in 54 Prozent der Fälle als *F* bzw. *f* geschrieben wird, dann machen die Wörter *vor*, *von* und *viel* und die Vorsilben *ver-* und *vor-* den Hauptanteil der nicht lautgetreuen Schreibungen aus. Deshalb ist es hilfreich, wenn die Schüler/innen schon in der Grundschule lernen, die Vorsilben *ver-* und *vor-* richtig zu erkennen. Dies geschieht zunächst an Einzelwörtern mit dem kognitiven Zusatz »Vorsilbe *ver-*, also mit *v*«, aber ab dem vierten Schuljahr kann man das Erkennen der Vorsilben auch schon als generalisierte Strategie einführen. Allerdings wird hier eine neue Stufe sprachlichen Denkens angebahnt, sodass sich vor der Einführung der isolierten Strategie umfangreichere spielerische Übungen zum Erkennen von Vorsilben insgesamt empfehlen:

- Zur ersten Begegnung kann man den Kindern Sätze geben, in denen sich durch das Wegstreichen der Vorsilben der Sinn auf amüsante Weise ändert, z.B. »Der Arzt (unter)sucht den Patienten« oder »Wir wollen in diesem Gasthaus (ein)kehren«.
- Man kann zu einem Wortstamm möglichst viele verschiedene Vorsilben suchen, die starken Veränderungen im Wortsinn wahrnehmen und sich daran freuen. Noch spannender wird es, wenn man die Schüler/innen auch entdecken lässt, dass in manchen Fällen sogar ein und dasselbe Wort viele ganz unterschiedliche Bedeutungen haben kann. Ein schönes Beispiel hierfür ist das Wort *stellen*: Bei *hinstellen*

oder *aufstellen* wird es im Sinn nur leicht verändert. Aber bei dem Wort *herstellen* wird der örtliche Aspekt durch eine ganz andere, neue Bedeutung überlagert. Und bei den Wörtern *einstellen* oder *anstellen* lassen sich in verschiedenem Kontext ganz unterschiedliche Bedeutungen erkennen.

- Sinnvoll ist es, die häufigeren Vorsilben zu sammeln und zum Beispiel alphabetisch zu ordnen. Dabei kann man dann auch gleich die Rechtschreibbesonderheiten von weiteren Vorsilben wie ***miss***- und ***ab***- markieren und besprechen. Die Vorsilbe ***wider***- lässt man besser noch weg, weil die Unterscheidung zwischen *wider*- und *wieder*- ein eigenes Problem ist, das später zur Wiederholung der Arbeit mit Vorsilben dienen kann.
- Man kann die Schüler/innen auf »Vorsilbenjagd« schicken: Wer findet in einer Kinderzeitschrift den Abschnitt mit den meisten Vorsilben? Wer findet das Wort mit den meisten Vorsilben? Damit ergibt sich schon ein erstes Zerlegen der Wörter in ihre Wortbausteine. Um festzustellen, ob *hinuntergefallen* oder *dazwischenreden* mehr Vorsilben hat, muss man die Wörter in ihre Bausteine zerlegen und bemerkt von alleine, dass *reden* zwar noch aus zwei Silben besteht, aber dass diese Silben keine Vorsilben mehr sind. Denn wenn man Vorsilben wegnimmt, bleiben sinnvolle Wortbausteine übrig.
- Das Versteckspiel à la »Wo ist in diesen Wörtern die Vorsilbe versteckt?« führt dazu, dass die Schüler/innen Wörter wie *Schuhverkäufer*, *Straßenvermessung* oder *Wetterbericht* auseinandernehmen und intuitiv erste Einblicke in ihre morphematische Struktur erhalten.

Wenn man erst nach solch umfangreichen Vorarbeiten die Vorsilben *ver*- und *vor*- als Signal für die Überprüfung der v-Schreibung einführt, werden Falschschreibungen wie **vertig* oder **Verkel* sehr viel seltener vorkommen, als wenn man nur mit den beiden Vorsilben *ver*- und *vor*- arbeitet. Trotzdem ist es sinnvoll, die Strategie auch dann noch explizit einzuführen: »Wenn ich die Silbe /fɛr/ oder /for/ höre, kurz überprüfen: Handelt es sich um eine Vorsilbe? Steht sie vor einem Wortstamm? Wenn ja, mit Vorsilben-v schreiben!« Wenn man diese Strategie dann überprüfen will, muss man Wörter wie *verlieren* oder *vergessen* erst einmal weglassen und bald danach als Merkwörter extra behandeln.

Da das Signal für diese Überprüfung die gehörten Lautfolgen sein sollen, wird die Signalerkennung sofort an vorgelesenen Sätzen oder Texten trainiert.

6.3 Spiel mit Endbausteinen

Ein besonderes Problem sind die Endbausteine *-ig* und *-lich*. Einerseits rückt bei einer Verlängerung der auf *-ig* endenden Adjektive das *i* ans Silbenende und könnte folglich als *ie* geschrieben werden (z. B. *we·**nig*** – *weni·ger*), andererseits enden ebenso viele Adjektive auf den Baustein *-lich*, und viele nicht sehr schrifterfahrene Sprecher sind unsicher, welches für ein bestimmtes Adjektiv die richtige Endung ist: Heißt es nun *ölig* oder *ölich*, *öliger* oder *ölicher*? Manche Erwachsene und erst recht Schüler/innen können dies allein vom Sprechen her nicht erkennen.

Das genannte Beispiel zeigt auch, dass selbst die Aussage »Wenn ein *l* davorsteht, wird *ch* geschrieben« nicht stimmt und in die Irre führt. Nur die Einsicht in das Bausteinprinzip unserer Schriftsprache und die Erkenntnis, dass es die zwei Adjektivbausteine *-ig* und *-lich* gibt, die an Wortstämme angehängt werden, um Adjektive zu bilden, ermöglichen es, die richtige Endung zu finden. Dann erst kann man prüfen, wie denn der Wortstamm heißt, aus dem das Adjektiv gebildet wurde, und erkennt, dass etwa *freundlich* aus den beiden Bausteinen *Freund* und *-lich* gebildet wurde, *ölig* aber aus *Öl* und *-ig*. Weil das *l* hier zum Wortstamm gehört, handelt es sich bei der Endung um den Baustein *-ig* und nicht *-lich*.

Auch Falschschreibungen wie **unzähliege* kommen nicht mehr vor, wenn den Schüler/innen der Endbaustein *-ig* geläufig ist. Deshalb ist es sinnvoll, schon früh Einsicht in die Funktion von Endbausteinen zu schaffen und das Unterscheiden der Endbausteine zur Prüfung von *-ig* und *-lich* einzuführen. Das Wort *billig* muss dann als Merkwort extra behandelt werden.

Wie bei den Vorsilben ist auch bei den Endbausteinen eine nur auf diese beiden Bausteine fixierte Einführung der Bausteinkontrolle wenig wirkungsvoll. Viel sinnvoller sind erst einmal umfangreichere Erkundungen im Bereich der Endbausteine

- durch Abtrennen und Anfügen von Endbausteinen – natürlich nicht, ohne dem sich ändernden Sinn des Wortes nachzuspüren,
- durch Sammeln und Ordnen von Endbausteinen,
- durch Kennenlernen der Endbausteine, die Nomen bilden und daher auch zum Erkennen der Großschreibung genutzt werden können, oder
- durch Spiele mit Wortstämmen und sowohl Vor- als auch Endbausteinen, z. B. »Wer baut das längste Wort/das Wort aus den meisten Bausteinen?« und Ähnliches.

6.4 Die Bausteinanalyse

Wenn die Schüler/innen beim Ableiten der Wörter schon ziemlich sicher sind und einige Erfahrungen beim Umgang mit Vorsilben und Endmorphemen als den Bausteinen der Wörter gemacht haben, kann man die Bausteinanalyse der Wörter spielerisch einführen. Die Arbeit mit Wortfamilien, die in der Grundschule aus anderen Gründen schon geübt wurde, bekommt hier eine neue Richtung:

- Wer kann aus dem Grundbaustein *fahr* die meisten Wörter bilden?
- Wer findet mit dem Grundbaustein *Zahl* zwanzig verschiedene Wörter, die möglichst Unterschiedliches bedeuten?
- Wer baut aus dem Grundbaustein *wahr* das Wort mit den meisten Bausteinen?
- Umgekehrt: Wer erkennt in dem Wort *Bewährungsstrafe* (nur mündlich vorgeben!) den Baustein mit unhörbarem *h*?

- Wer kann das Wort aufschreiben und erklären, von welchen anderen Bausteinen der Baustein mit unhörbarem *h* umgeben ist?

Auch die Arbeit mit den Nomen-Endbausteinen *-heit, -keit, -nis, -schaft, -tum* und *-ung,* die in manchen Sprachbüchern als Hilfe zur Großschreibung angeboten wird, ist in diesem Sinne hilfreich und kann noch einmal intensiviert werden.

Wenn man von Anfang an bestimmte Farben für die unterschiedlichen Bausteinsorten vorsieht, beispielsweise Gelb für Vorsilben, Rot für Hauptmorpheme und Blau für Endmorpheme, können bestimmte Bausteinschemata und Wörter einander zugeordnet werden, und solche Übungen können die Schüler/innen sich auch gegenseitig anfertigen (vgl. Abb. 6).

Wenn die Schüler/innen auf diese Weise Übung in der Zerlegung schwieriger Wörter entwickelt haben, kann man ihnen die Bausteinanalyse als letzte Prüfungsmethode zur Kontrolle der Rechtschreibung bei komplex erscheinenden Wörtern anbieten:

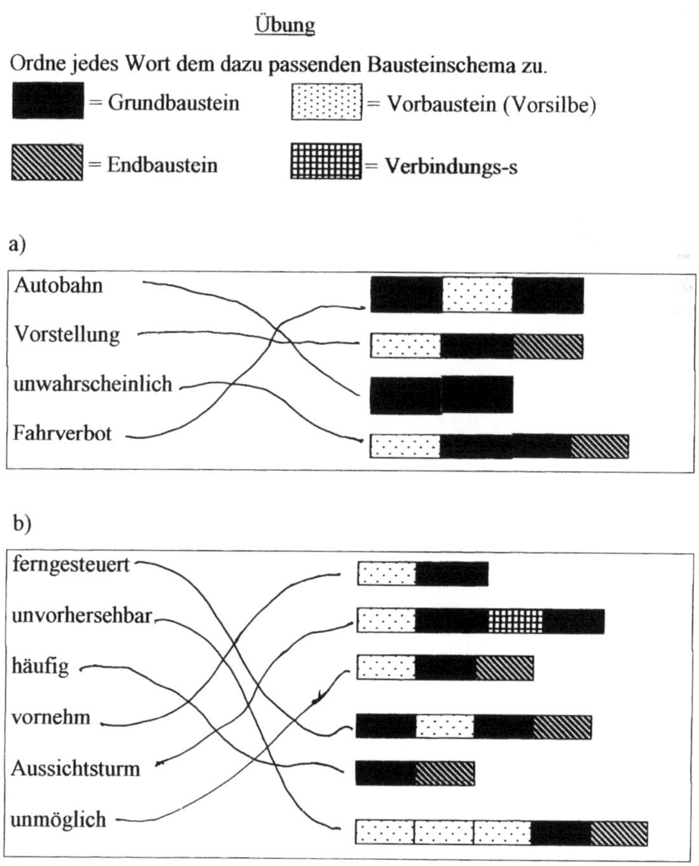

Abb. 6: Übungsblatt zur Morphemanalyse

- Zunächst kann man durch die Analyse der Bausteine Einsicht in die Ökonomie des Wörterlernens vermitteln, denn in der Regel kennen auch die Schüler/innen inzwischen fast alle Bausteine, aus denen komplexe Wörter zusammengesetzt sind.
- Man kann die Schüler/innen dazu auffordern, sehr schwierige komplexe Wörter zu suchen, die sie der Klasse diktieren.
- Dann erarbeitet man mit der Klasse, wie man eine solche Bausteinanalyse vornehmen kann:
  - das Wort nach Gehör auf Schmierpapier schreiben,
  - die Bausteine, die man schon erkennen kann, markieren,
  - um dann zu schauen, ob man die übrigen Bausteine wiedererkennt.
- Nachdem man dies exemplarisch an wenigen Wörtern mit der ganzen Klasse durchgeführt hat, kann man die Kinder das Verfahren in Gruppen üben lassen.

Meist haben die Schüler/innen in fortlaufend zu schreibenden Texten zunächst nicht genügend Zeit, die Rechtschreibung von komplexeren Wörtern sorgfältig zu überprüfen: Entweder wird der Text weiterdiktiert und sie müssen mitschreiben, oder sie müssen bei selbst formulierten Texten ihre Gedanken gut formuliert zu Papier bringen, ohne sich durch Fragen der Rechtschreibung ablenken zu lassen. Hier kann man die Schüler/innen anleiten, Wörter, bei deren Schreibweise sie unsicher sind, mit einem kleinen Punkt darunter zu kennzeichnen. Bei der Kontrolle der Texte können sie dann diese Wörter überprüfen, indem sie die bewährten Ableitungs- oder Großschreibestrategien einsetzen. Wenn sie damit nicht weiterkommen, hilft es bei komplexeren Wörtern, sie in ihre Bausteine zu zerlegen.

Nun können die Schüler/innen diese Strategie an selbst geschriebenen (von einem Partner diktierten) Sätzen oder Texten ausführlich üben. Dabei dürfen nun auch wirklich komplexe Wortgefüge vorkommen, die sie vielleicht nicht von sich aus in ihren Texten gebrauchen würden. Denn jetzt geht es darum, die Schüler/innen zu ermutigen und ihnen zu zeigen, dass sie mit dieser Strategie selbst kompliziert scheinende Wörter durchschauen und richtig schreiben können.

6.5 Die Vermittlung einer effektiven Wörterlernstrategie als Vorbereitung auf das berufliche Rechtschreiblernen

Obwohl die Schüler/innen ab dem zweiten Schuljahr ständig die Rechtschreibung von Wörtern lernen, ist es sinnvoll, in den höheren Schulklassen, nachdem sie die Bausteinanalyse gelernt haben, noch einmal eine effektive Wörterlernstrategie zu erarbeiten. Denn durch das Erlernen der übergeordneten Rechtschreibstrategien und der Bausteinanalyse hat sich die Merktechnik gegenüber der Grundschule deutlich verändert. Trotzdem bleibt neben dem Erlernen generalisierbarer Rechtschreibstrategien das Lernen von Wortschreibungen auch in höheren Klassen ein wichtiges Thema – sei es, dass anspruchsvolleres Wortmaterial für eine Nacherzählung oder einen Sachaufsatz erarbeitet wird, sei es, dass zu einem Sachgebiet die Fachausdrücke richtig geschrieben werden sollen. In den höheren Schuljahren spielt die Rechtschreibung auch in den Nebenfächern eine Rolle, und Schüler/innen mit zu vielen Fehlern in ihren Heften oder Mappen bekommen häufig schlechtere Noten in Heftführung. Außerdem kann die Schule den Schüler/innen nicht die Rechtschreibung sämtlicher Wörter beibringen, die sie im späteren Leben brauchen. Einen großen Teil insbesondere des berufsbezogenen Wortschatzes lernen sie erst später. Deshalb ist es wichtig, dass sie nicht nur die Rechtschreibung üben, sondern sich darüber hinaus in den oberen Schulklassen auch die Strategie des Wörterlernens bewusst machen.

Während im Fachunterricht bestenfalls die Schreibweise der Fachbegriffe kurz besprochen wird, muss den Schüler/innen im Rechtschreibunterricht der Weg gewiesen werden, wie sie die Rechtschreibung der Wörter selbstständig durchschauen und sich leichter einprägen können. An den Beispielen *Einfüllstutzen* und *Zylindertopf* sei der Unterschied in der Vorgehensweise kurz beschrieben: Bei schlechtem Unterricht wird so getan, als sei es völlig selbstverständlich, dass alle Schüler/innen diese Wörter schreiben können, wenn sie sie irgendwo einmal gelesen haben. In einem gutem Fachunterricht, der auch das Erlernen der Rechtschreibung mit einbezieht, könnte die Lehrkraft die Schüler/innen auf das Doppel-l bei *Einfüllstutzen* und das *y* bei *Zylindertopf* hinweisen und sie dann auffordern, sich diese Schreibweise einzuprägen.

Im Rechtschreibunterricht hingegen erarbeitet man mit den Schüler/innen die Technik, mit der sie sich diese Wörter leicht einprägen können:

- Das Wort zunächst genau lesen, innerlich in Rechtschreibsprache sprechen und die nicht lautgetreuen Schreibungen suchen.
- Sich die verschiedenen Bausteine bewusst machen und gegebenenfalls ein Ableitungswort suchen (z. B. fül·len).
- Nicht ableitbare Stellen mit einem Merksatz belegen und sich einprägen (z. B. »Zylinder mit y«).

Wenn den Schüler/innen der Weg des Wörterlernens bewusst ist, sollte man zu erreichen versuchen, dass auch Fachlehrer/innen der Schreibweise von Fachbegriffen in ihrem Unterricht Raum geben und die mangelnde Rechtschreibung in diesem Bereich nicht einfach mit einer schlechteren Note in Heftführung quittieren.

6.6 Visuelle Symbole für die verschiedenen Strategien

Bei der Einführung der verschiedenen Strategien empfiehlt es sich, für diese auch visuelle Symbole einzuführen. Die Schüler/innen können die Symbole zunächst gebrauchen, um in Texten Wörter mit Rechtschreibbesonderheiten aufzuspüren und sich zu überlegen, mit welcher der bekannten Strategien die richtige Schreibung erschlossen werden kann. Dann wird das passende Symbol neben das entsprechende Wort gemalt. Später können die Schüler/innen ihre eigenen Fehler daraufhin analysieren, mit welcher Strategie sie sie hätten vermeiden können. Wenn sie dann das zur Strategie gehörende Symbol an den Rand malen, können sie schnell erkennen, welche Strategie sie noch üben müssen. Folgende Symbole bieten sich an:

Tab. 7: **Die Symbole für die verschiedenen Strategien**

Mitsprechen in der Rechtschreibsprache	
Handkontrolle (die Hand in einem Fausthandschuh)	
Begleitersuche (der Begleiter ist unterstrichen, der Pfeil weist zu seinem »Chef«)	
Ableitung beim t-Signal	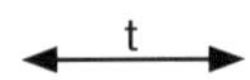
Wörter verlängern	
Wörter auseinanderbrechen und verlängern	
Merkschreibung	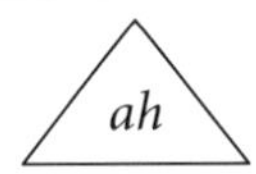
Bausteinanalyse	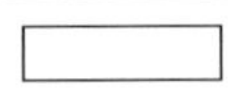

6.7 Die Verteilung des Rechtschreiblernens über die Schuljahre 1–9

Auch wenn an dieser Stelle die Bildungswirksamkeit des Faches Rechtschreiben betont wird, wäre es ein Missverständnis zu glauben, dass die Rechtschreibung nun wieder heimliches Hauptfach werden soll. Sie spielt im Alltag von Erwachsenen eine sehr unterschiedliche Rolle. Deshalb ist es durchaus legitim, wenn Jugendliche mit einem »ausreichend« in Rechtschreibung zufrieden sind und ihre Lernzeit lieber für andere Inhalte verwenden. Genauso legitim ist es, wenn Lehrkräfte versuchen, die Zeit, die sie für das Erlernen der Rechtschreibung verwenden, möglichst gering zu halten.

Wenn also im Folgenden Vorschläge zur Verteilung des Strategielernens auf die verschiedenen Schuljahre gemacht werden, so sagt das noch nichts über die dafür verwendete Zeit innerhalb eines Schuljahres aus. Es bleibt im Ermessen der Lehrkraft, wie viel Zeit sie auf diesen Bereich verwenden möchte und wie viel für eine bestimmte Klasse nötig ist, um die Rechtschreibung so weit zu lernen, dass die Schüler/innen später als Erwachsene nicht durch zu schlechte Rechtschreibung in ihrer beruflichen Entfaltung beeinträchtigt werden.

Die folgenden Vorschläge sind also nur ein grober Rahmen. Die Lehrkraft entscheidet durch die Wahl von kleineren oder größeren Lernschritten und die damit gegebene Häufigkeit der impliziten Wiederholung, wie viel Zeit sie für die Rechtschreibung und wie viel Zeit sie für die Begegnung mit Literatur und vertiefendes Lesen, für das Erlernen schriftlicher Konventionen und freies Schreiben, für die Begegnung mit Dichtung und Theater verwenden will.

Tab. 8: **Mögliche Verteilung des Strategielernens auf die Schuljahre 1–9**	
1. Schuljahr	• Erlernen der Silbengliederung von Wörtern und Malen der Silbenbögen • Erlernen der Laut-Buchstaben-Zuordnung • Erlernen des silbenweisen Abhörens von Wörtern und des Übersetzens in eine Buchstabenfolge • Schreibschwungübungen zur Vorbereitung auf die Schreibschrift • Kennenlernen der Rechtschreibsprache als besondere, der Verschriftlichung zugrunde liegende Aussprache der Wörter • evtl. Einprägen einzelner Wortschreibungen, ggf. mit kognitiven Zusätzen, um das intuitive Erfassen der lautgetreuen Schreibung zu fördern
2. Schuljahr	• Erlernen der Schreibschrift • Erlernen des rhythmisch-synchronen Sprechschreibens • Großschreibung am Satzanfang • Handkontrolle zur Großschreibung: »Kann ich es anfassen?« • Begleitersuche: die bestimmten Artikel *der, die das* als Signal, den »Chef« zu suchen • Einzelwortlernen, ggf. mit den nötigen kognitiven Zusätzen, um den Aufbau der lautgetreuen Schreibung nicht zu stören
3. Schuljahr	• umfangreicheres Einzelwortlernen mit den entsprechenden kognitiven Zusätzen • erweiterte Handkontrolle zur Großschreibung: »Kann ich es anfassen oder mir vorstellen, es anzufassen?« • erweiterte Begleitersuche (Ausbau der Signale): alle bestimmten Artikel und die unbestimmten Artikel als Signal, das dazugehörende Nomen zu suchen
4. Schuljahr	• Arbeit mit Vorsilben und Richtigschreiben der Vorsilben (ohne »*wider-*«) • Handkontrolle, erweitert um »Kann ich es anfassen oder haben?« • Begleitersuche, erweitert um die in Präpositionen versteckten Artikel • Nominalisierung von Verben und Adjektiven, soweit sie durch die bisher gelernte Begleitersuche erkennbar ist • umfangreiches Einzelwortlernen mit den notwendigen kognitiven Zusätzen • Großschreibung von Satzanfängen, ergänzt durch Doppelpunkt und Anführungsstriche bei der wörtlichen Rede als Signal
5. Schuljahr	• Bewusstmachen und Wiederholung des rhythmisch-synchronen Sprechschreibens und der Rechtschreibsprache als Grundlage des Rechtschreibens

Tab. 8: **Mögliche Verteilung des Strategielernens auf die Schuljahre 1–9** (Fortsetzung)

	• Wiederholung der Handkontrolle: »Kann ich es anfassen oder haben?« • Wiederholung der Begleitersuche: bestimmte und unbestimmte Artikel und in Präpositionen versteckte Artikel • Großschreibung am Satzanfang, ergänzt durch den Doppelpunkt (ohne Anführungsstriche), und Überprüfung, ob danach ein ganzer Satz folgt • Ableitung bei Verben mit t-Signal • Arbeit mit Endbausteinen und Erkennen der Endungen *-ig* und *-lich* • weiterhin Einprägen von Merkwörtern
6. Schuljahr	• Begleitersuche: Einführung von Pronomen als »Ersatzbegleitern« und Einführen der Austauschprobe, um sicher zu sein, ob es sich wirklich um einen Ersatzbegleiter handelt • Handkontrolle, erweitert um » … oder ist es der Name einer Maßeinheit?« • Strategie des Verlängerns von Wörtern • Prüfen von das/dass nach dem Komma • Verlängern/Verkürzen bei der Überprüfung einer Schreibung mit *ä* oder *äu* • Dreischritt bei Verben mit t-Signal zur Prüfung einer Schreibung mit *ä* oder *äu* (z. B. *er träumt – träumen – Traum*) • Arbeit mit Vorsilben, einschließlich der Unterscheidung von *wider-* und *wieder-*
7. Schuljahr	• Bausteinkontrolle als Hilfe bei komplexeren Wortgefügen • Analyse und Klassifizierung der eigenen Rechtschreibfehler und Vertiefen der Strategieanwendung, mit der Abhilfe geschaffen werden kann • Begleitersuche zur Großschreibung, erweitert durch die Artikel-Einsetzprobe
8. Schuljahr	• orthografische Sicherung von Fachbegriffen aus verschiedenen Sachfächern und Bewusstmachen der Wörterlernstrategie • sinnvoller Umgang mit Rechtschreibfehlern und eigenständiges Nachlernen einzelner Strategien, je nach individuellem Bedarf • periphere Rechtschreibprobleme
9. Schuljahr	• Sonderfälle der Groß- und Kleinschreibung • eigene Fehlerschwerpunkte erkennen und daran arbeiten

7. Individualisierung beim Erarbeiten der übergeordneten Rechtschreibstrategien

7.1 Notwendigkeit und Vorteile der Individualisierung des Rechtschreiblernens

Ab dem fünften Schuljahr sollen ja nun vermehrt auch die übergeordneten Rechtschreibstrategien eingeführt werden, damit die Schüler/innen allmählich immer weniger Wörter vorzuüben brauchen, um sie richtig zu schreiben. Implizit wurden diese übergeordneten Strategien ja (hoffentlich) schon beim Wörterüben in der Grundschule angebahnt, indem sie beim Erarbeiten der nicht lautgetreuen Schreibungen angewandt und in den kognitiven Zusätzen mitgelernt wurden. Der Unterschied zum Unterricht in der Grundschule ist, dass die Strategien nun generalisiert und die Signale für ihren Einsatz beachtet werden sollen.

Hier gilt genau wie in der Grundschule, dass die Schüler/innen in der Rechtschreibung unterschiedlich weit sind, sodass die einen im Eiltempo vorangehen könnten und kaum Übung brauchen, während die anderen eine sorgfältige Einführung in jede Strategie und viel Übung brauchen, um sie so weit zu automatisieren, dass sie sie während des Schreibens spontan anwenden und Aufmerksamkeit für das Erlernen der nächsten Strategie frei haben. Der Vorteil gegenüber der Grundschule ist, dass die Schüler/innen nun schon älter und selbstständiger sind. Der Nachteil ist allerdings, dass sie aus ganz verschiedenen Grundschulen in die weiterführenden Schulen kommen, sodass unsicher ist, ob die Strategien schon beim Wörterlernen in der Grundschule implizit mitgelernt wurden. Das bedeutet einerseits, dass man alle Strategien noch einmal sorgfältig einführen muss, und andererseits, dass die Schüler/innen noch eigenständiger arbeiten und in höherem Maße Verantwortung für ihr Lernen übernehmen können als in der Grundschule.

Indem man sie in das selbstbestimmte, eigenständige Lernen einführt und es ihnen zugesteht, erreicht man mehrere positive Ziele:

- Dem mit dem Älterwerden stärkeren Wunsch der Schüler/innen nach Selbstbestimmung wird Rechnung getragen. Das erhöht die Lernmotivation beträchtlich.
- Alle Schüler/innen können genau an ihren Schwierigkeiten arbeiten, was den Lerneffekt gegenüber dem üblichen Setting in der Summe erhöht, weil die Schüler/innen sich nicht mit den Fragen und Schwierigkeiten anderer beschäftigen müssen, die nicht die ihren sind.
- Um zu entscheiden, woran sie arbeiten wollen, müssen die Schüler/innen ihre Schwächen betrachten – und diese nicht mit Grauen registrieren und wegschauen, sondern als Aufforderung zur Veränderung, zur Arbeit an den eigenen Schwächen

verstehen. Das schafft eine positiv-aktive Grundhaltung den eigenen Schwächen gegenüber, die sich möglicherweise auf andere Bereiche überträgt und damit eine positive Persönlichkeitsentwicklung fördert.

- Gleichzeitig wird das selbstbestimmte Lernen auch für andere Fächer vorbereitet, in denen es häufig erst später eingeführt wird. Dann haben die Schüler/innen die notwendigen Verhaltensweisen schon gelernt, sodass die Einführung leichter ist.
- Außerdem ist der Rechtschreibunterricht mit der Möglichkeit, Kompetenz und Arbeitserfolg getrennt zu benoten, besonders geeignet, die Schüler/innen ihre Selbstwirksamkeit, den Erfolg ihres Arbeitseinsatzes erfahren zu lassen – was nicht nur die Motivation im Rechtschreiblernen, sondern auch die Motivation beim eigenständigen Arbeiten in anderen Fächern beträchtlich erhöht.
- So kann man auch das Weiterlernen nach der Schule optimal vorbereiten. Denn auch in der Berufsausbildung und im Beruf begegnen den jungen Menschen immer wieder neue Wörter. Wenn sie gelernt haben, sich die Rechtschreibung eines Wortes zu erarbeiten, wird die Aneignung der Rechtschreibung dieser Wörter kein Problem sein.

7.2 Die technische Organisation einer solchen Individualisierung

Praktisch sieht die Individualisierung so aus, dass man jede der oben beschriebenen Strategien sorgfältig einführt: zuerst die Grundstrategie der lautgetreuen Schreibung, dann eine übergeordnete Strategie nach der anderen. Wie groß oder klein man die Schritte wählt, hängt von den Möglichkeiten der Klasse ab (vgl. S. 86 f.). Zu jeder Strategie gibt es einen Grundaufbau der Aneignung, der bei vielen Strategien identisch ist und bei manchen etwas abweicht.

Sobald eine neue Strategie eingeführt und sorgfältig besprochen wurde, können die Schüler/innen entscheiden, ob sie sich schon fit für das Erlernen dieser neuen Strategie fühlen oder ob sie besser noch an einer vorigen Strategie arbeiten wollen. Die Arbeitsaufgaben und Übungsmaterialien für die neue Strategie werden in einem Kasten oder Ordner bereitgestellt. Die Arbeitsmaterialien für die bereits eingeführten Strategien bleiben daneben bestehen, sodass die Schüler/innen an der von ihnen gewählten Strategie arbeiten können.

Zu jeder Strategie gibt es ein Übersichtsblatt, auf dem der Aufbau der Übung und die Materialien zu jeder Übungsstufe aufgeführt sind (vgl. Abb. 7). Wenn eine Schülerin oder ein Schüler mit dem Üben einer bestimmten Strategie beginnt, holt er sich ein solches Blatt und bearbeitet dann die Übungen möglichst in der vorgegebenen Reihenfolge. Allerdings kann auch hier jeder selbst entscheiden, in welcher Geschwindigkeit er sich von einer Stufe zur nächsten bewegen will. Denn manche Schüler/innen brauchen für einen Schritt vielleicht mehrere verschiedene Übungen, bis sie ihn sicher genug beherrschen, während andere mit einer Übung genug haben oder sich vielleicht sogar zutrauen, den einen oder anderen Schritt zu überspringen. Wenn sie sich dabei überschätzen, was zu Beginn einer solch selbstbestimmten Arbeit nicht

<u>Verlängern beim Peteka-Signal</u>

1. Verlängern üben an Einzelwörtern	a) Nomen b) Adjektive c) Verben d) Alles gemischt	3x 2x 3x 2x 2x 3x 1x
2. Übe **an vorgegebenen Sätzen**, das Signal zu erkennen und die Strategie anzuwenden.		3x
3. Übe **an selbst geschriebenen Sätzen** das Signal zu erkennen, und überprüfe deine Schreibung mit der Strategie.		3x
4. Übe **an vorgegebenen Texten**, das Signal zu erkennen und die Strategie anzuwenden.		3x
5. Übe **an selbst geschriebenen Texten**, das Signal zu erkennen und die Strategie anzuwenden.		3x
6. Übe an gehörten Sätzen, nur die Wörter hinzuschreiben, bei denen du die Strategie anwenden musst, und überprüfe deine Schreibung mit der Strategie.		3x

Abb. 7: Übersichtsblatt für eine Rechtschreibstrategie. In der ersten Zeile hat der Schüler hinter die Übungen geschrieben, wie viele davon hat er gemacht.

selten vorkommt, werden sie es daran merken, dass sie bei den letzten, komplexeren Übungen ziemlich viele Fehler machen.

Und damit wird auch schon die Aufgabe der Lehrkraft deutlich: Die Schüler/innen müssen auf ihrem Übersichtsblatt die Übungen eintragen, die sie durchgeführt haben. Wenn sie denken, dass sie eine Strategie genug geübt haben, müssen sie das Übersichtsblatt und ihre gesammelten Übungen der Lehrkraft präsentieren, um zu besprechen, ob sie die nächste Strategie üben oder zur nächsten Übungsstufe weitergehen können – wobei die Lehrkraft nur berät, aber die Schülerin oder der Schüler die letzte Entscheidung trifft.

Unabdingbar notwendig sind dann allerdings die Rechtschreibkontrollen, die nicht zu selten stattfinden dürfen. Es ist z.B. möglich, dass mehrmals während eines Schuljahres Perioden des Rechtschreiblernens stattfinden, in denen neue Strategien eingeführt werden und den Schüler/innen vermehrt Übungszeit für das Erlernen der Rechtschreibung zur Verfügung steht. Dann muss am Ende einer solchen Periode ein Diktat geschrieben werden, in dem die Schüler/innen zeigen können, was sie geübt haben.

Da die Schüler/innen nicht alle das Gleiche geübt haben, gibt es in diesem Diktat wie in der Grundschule rote und grüne Fehler. Die Lehrkraft erstellt sich eine Liste aller Schüler/innen, auf der jede neue Strategie mit ihren Übungsstufen eingetragen wird. Bei den Beratungsgesprächen markiert sich die Lehrkraft, an welcher Stelle das Kind gerade arbeitet, womit auch definiert ist, was es nun eigentlich können müsste (vgl. Abb. 8). Bei der Korrektur des Kontrolldiktats legt die Lehrkraft diese Liste neben sich und schaut nach, wie weit das Kind schon gekommen ist. Fehler gegen eine schon geübte Strategie werden rot angestrichen, Fehler gegen eine noch nicht geübte Strategie grün. Dann wird die Benotung des Diktats wieder zweigeteilt: Es wird die Zahl der rot angestrichenen Fehler gezählt. Sie bestimmt die Note für den Arbeitserfolg. Außerdem wird die Zahl der richtig geschriebenen Wörter gezählt. Sie bestimmt die Note der Rechtschreibkompetenz. Das hat zur Folge, dass die Schüler/innen, die sich mit einem schnellen Durchgang durch die Übungen zufrieden geben, eine schlechte Note für den Arbeitserfolg bekommen. Schüler/innen hingegen, die ewig an einer Übung kleben und sich nicht trauen, weiterzugehen, werden zwar beim Arbeitserfolg eine gute Note haben, sich aber in ihrer Rechtschreibkompetenz nicht weiterentwickeln und dort eine schlechte Note bekommen. Das kann dann in einem Beratungsgespräch mit diesen Schüler/innen besprochen werden, sodass sie merken, dass Noten kein Schicksal sind, sondern mit ihrem Verhalten während der Lernperioden zu tun haben. Erfahrungsgemäß fangen Schüler/innen nach einigen Fehlschlägen auch ohne Druck vonseiten der Lehrkraft an, sich nach ihren Empfehlungen zu richten oder von selbst sinnvoller zu arbeiten.

Während bei den Rechtschreibkontrollen ganz normale Diktate für die jeweilige Jahrgangsstufe eingesetzt werden können, müssen die Übungsmaterialien so konzipiert sein, dass die Schüler/innen wirklich genau diese Strategie üben und dabei nicht durch Schreibweisen irritiert werden, bei denen diese Strategie in die Irre führt. Wenn sie beispielsweise gerade üben, den bestimmten Artikel als Signal für die Großschreibung zu beachten, darf ein Satz wie *»Die anderen wissen auch nicht Bescheid«* natürlich nicht vorkommen. Wenn sie lernen, bei Verben mit t-Signal die Grundform zu bilden, um die Schreibung zu überprüfen, sollten sie nicht gerade der Verbform *er tritt* begegnen. Das würde ihr Vertrauen in diese Strategie und damit die Lernmotivation erheblich stören. Solche Ausnahmen müssen später besprochen und als Merkschreibungen behandelt werden.

Auch früher schon haben Lehrkräfte sich für ihre Rechtschreibübungen Materialien aus verschiedenen Lehrwerken zusammengesucht oder selbst konstruiert. Allerdings müssen sich die Lehrkräfte beim strategiegeleiteten Rechtschreiblernen so weit eindenken, dass sie die Fallen in vorgefertigten Übungsmaterialien erkennen und durch Umformulierungen herausnehmen oder bei selbst formulierten Übungsmaterialien vermeiden können. Sinnvoll ist, wenn die Lehrer/innen einer Schule oder sogar mehrerer Schulen zusammenarbeiten und sich ihre Materialien gegenseitig weitergeben, um damit auch regionale Anspielungen und Besonderheiten in den Texten zu ermöglichen. Außerdem ist die Veröffentlichung von Materialien in Vorbereitung, die den hier beschriebenen entsprechen und den Anforderungen an ein strategiegeleitetes Rechtschreiblernen gerecht werden.

<u>Strategienlernen-Übersicht S.1 a</u>

		Anna A	Jakob B	Oliver D	Simone G	Xaver G	Judith H	Beate K	Steve M	Seb. M	Merlin N	Ivan P	Murrat P	Jeann. R	Fried. S
Hand-kon-trolle	Einzelwörter	✓	✓	✓	✓	✓	✓	✓	✓	✓	✓	✓	✓	✓	✓
	vorgegeb. Sätze	✓	✓		✓	✓	✓	✓		✓	✓	✓	✓	✓	✓
	vorgeg. Texte		✓	✓	✓		✓	✓		✓	✓	✓	✓	✓	
	selbst geschr. Sätze	✓	✓		✓	✓	✓				✓	✓			
	selbst geschr. Texte	✓	✓	✓	✓	✓	✓	✓	✓		✓	✓	✓	✓	
	mündl. Sätze	✓	✓	✓	✓		✓	✓			✓	✓	✓	✓	
Beglei-tersuche	Einzelphrasen	✓	✓	✓		✓	✓	✓	✓		✓	✓	✓	✓	✓
	vorgegeb. Sätze	✓					✓	✓				✓	✓	✓	✓
	vorgeg. Texte	✓		✓		✓	✓	✓					✓	✓	
	selbst geschr. Sätze						✓	✓							
	selbst geschr. Texte			✓		✓	✓	✓	✓		✓			✓	
	mündl. Sätze						✓	✓			✓			✓	
t-Signal bei Doppe-lung	Einzelwörter			✓		✓	✓		✓		✓			✓	✓
	vorgegeb. Sätze			✓		✓	✓				✓			✓	✓
	vorgeg. Texte			✓		✓	✓							✓	
	selbst geschr. Sätze			✓			✓								
	selbst geschr. Texte						✓		✓					✓	
	mündl. Sätze						✓				✓			✓	
t-Signal alle Phäno-mene	Einzelwörter						✓		✓		✓			✓	✓
	vorgegeb. Sätze						✓				✓				✓
	vorgeg. Texte														
	selbst geschr. Sätze														
	selbst geschr. Texte								✓						
	mündl. Sätze										✓				

usw.

Abb. 8: Die Lehrkraft hat sich für jeden Schüler markiert, bis zu welchen Strategien das Kind schon gekommen ist, welche Verstöße gegen Strategien also als rote Fehler gelten sollen.

7.3 Anleitung der Schüler/innen zu dieser Art des selbstständigen Arbeitens

Manche Schüler/innen arbeiten gerne. Insbesondere gleichförmige Übungen, bei denen eine klar umrissene, nicht zu schwierige Aufgabe zu erledigen ist, sind vielen Kindern immer wieder einmal willkommen. Wenn sie darüber hinaus

- selbst entscheiden dürfen, an welchem Schwerpunkt sie arbeiten wollen,
- auch bei den Übungen eine gewisse Auswahlmöglichkeit haben,
- sich in ihrer Selbstverantwortlichkeit ernst genommen fühlen,
- den Effekt ihrer Arbeit in den Diktatnoten erleben und
- durch die Übungen vom Inhalt und/oder der Übungsform her motiviert sind,

arbeiten viele Schüler/innen durchaus bereitwillig und gerne selbstständig.

Aber Kinder sind Kinder, sie sind ihren unterschiedlichen Stimmungen stärker ausgeliefert als Erwachsene, haben gelegentlich gar keine Lust zum Arbeiten oder sogar Lust zum Stören und Boykottieren. Aber das kommt genauso oft oder sogar noch öfter auch im lehrerzentrierten Gleichschrittunterricht vor – nur dass die Lehrkraft da einen besseren Überblick hat, Störungen (hoffentlich) schneller erkennt und früher eingreifen kann. Deshalb fürchten manche Lehrkräfte diese Art von selbstbestimmtem Arbeitsunterricht, und gelegentlich gerät er den Lehrkräften auch außer Kontrolle. Doch auch »normaler« Frontalunterricht gerät gelegentlich außer Kontrolle, nur schiebt man in solchen Fällen die Schuld den angeblich schlechten Lehrern oder der besonders schlimmen Klasse zu, während man bei individualisierten Unterrichtsformen geneigt ist, die Schuld bei der Unterrichtsform zu sehen.

Auch dass manche Kinder ihre Arbeitszeit verbummeln, verträumen und nicht optimal fürs Lernen nutzen, kommt im individualisierten Unterricht genauso wie im Frontalunterricht vor, wenn auch vielleicht nicht ganz so häufig. Wie beim Frontalunterricht müssen Lehrkräfte auch im individualisierten Unterricht einfach lernen, mit solchen Situationen umzugehen, möglichst ohne dass die Schüler/innen dadurch zu viel Aufmerksamkeit erhalten oder beschimpft, blamiert oder diffamiert werden.

Eine Möglichkeit ist zum Beispiel, bei der Einführung dieser neuen Unterrichtsform nicht nur die jeweilige Rechtschreibstrategie zu besprechen, sondern auch die neue Lernform als etwas Besonderes darzustellen, womit dem Größer- und Selbstständigerwerden der Schüler/innen Rechnung getragen werden soll. Aber wie das Rechtschreiben muss man auch diese Art des Arbeitens erst lernen, und das geht bei verschiedenen Menschen unterschiedlich schnell – wie das Rechtschreiblernen auch.

Man kann den Schüler/innen auch erklären, dass man als Lehrer/in den leichter ablenkbaren Kindern besser helfen kann, das selbstständige Arbeiten zu lernen, wenn man sie besser beobachten und ihnen bei der Auswahl der richtigen Übungen helfen kann. Deshalb gibt es am Rand der Klasse eine Tischreihe mit Blick zur Wand und verringerter Reizzufuhr – für Schüler/innen, die vom Arbeitsverhalten her noch weniger Ablenkung und stärkere Aufsicht brauchen, die also stören oder träumen. Für diese Schüler/innen ist es oft auch eine Hilfe, wenn die Lehrkraft ihnen die zu erledigenden Aufgaben klar vorgibt, ohne ihnen Entscheidungsfreiheit zu lassen. Selbstverständlich dürfen sie am nächsten Tag wieder probieren, ob sie es schaffen, auch an ihrem angestammten Platz die Arbeitszeit sinnvoll zu nutzen und selbstbestimmt zu arbeiten. Damit bekommt der früher als »Katzentisch« mit Strafcharakter gebrandmarkte Extraplatz, den einige Kinder manchmal dringend brauchen, eine andere Bedeutung, die für alle Schüler/innen besser zu akzeptieren ist.

Sehr wichtig ist auch, nicht nur dann über das Arbeitsverhalten zu sprechen, wenn es nicht klappt, sondern auch das gute Arbeiten einzelner Kinder oder der ganzen Klasse bei dieser neuen Form des Unterrichts zu würdigen und als Lernerfolg und Zeichen ihres Größer- und Selbstständigerwerdens darzustellen. Solch eine positive Wertung darf aber nicht so aussehen, dass die gut arbeitenden Schüler/innen als »Streber« erscheinen. Dazu kann man den Aspekt hervorheben, dass die Fähigkeit, eigenständig, selbstbestimmt und ohne ständige Lehrerzuwendung arbeiten zu können, zur Folge hat, dass man nachmittags nicht noch zusätzlich üben muss, sondern seine Freizeit für ganz andere, schulferne Beschäftigungen nutzen kann.

Schwierigkeiten haben Lehrkräfte, die den Schüler/innen zunächst sehr viel Freiheit einräumen, um sie dann immer weiter zu reduzieren. Besser ist es, von Anfang an klare Regeln für die Übungszeiten festzulegen:

- Die Übungszeit ist Arbeitszeit, d.h. alle Schüler/innen suchen sich eine Lernaufgabe im Bereich Rechtschreibung.
- Schüler/innen, die meinen, dass sie alle gelernten Strategien schon so sicher beherrschen und anwenden, dass sie keine Übung im Bereich Rechtschreibung mehr brauchen, haben das Recht, andere Bereiche zu üben, die ihnen schwerfallen, selbst wenn das andere Unterrichtsfächer betrifft. Schüler/innen, die auch in anderen Unterrichtsfächern keine Schwierigkeiten sehen, suchen sich Aufgaben im Bereich des kreativen Schreibens oder kreative Aufgaben zur Grammatik, die immer in einem separaten Kasten oder Ordner bereitstehen. Auch die Vorbereitung eines Referats oder einer Facharbeit ist möglich.
- Aus Rücksicht auf die Schüler/innen, die sich gerade konzentrieren, sind Unterhaltungen nur im Flüsterton erlaubt – auch wenn Schüler/innen sich neue Übungen holen, sich mit der Lehrkraft besprechen oder in Partnerarbeit arbeiten.
- Zur Festigung der Rechtschreibstrategien kann man durchaus auch Spiele in die Übungsaufgaben einbauen. Aber sowohl bei der Suche nach Spielpartnern als auch beim Spiel selbst müssen die Schüler/innen flüstern. Wer das nicht kann, spielt an diesem Tag kein Spiel, kann es aber am nächsten Tag wieder versuchen.

Wenn man diese Regeln von Anfang an einführt, vielleicht sogar schriftlich fixiert und für alle sichtbar aushängt und sich auch daran hält, empfinden die Schüler/innen die von der Lehrkraft verordneten Folgen bei Verstößen nicht als Strafe, sondern als logische Konsequenz. So wird Aggressionen und aus diesen Aggressionen resultierenden Unterrichtsstörungen vorgebeugt.

8. Einführung der Strategien in höheren Schuljahren

Nicht immer unterrichten alle Lehrkräfte einer Schule nach der gleichen Methode. Daher kann es vorkommen, dass eine Lehrkraft erst im siebten oder neunten Schuljahr eine Klasse übernimmt, mit deren Rechtschreibleistungen sie nicht zufrieden ist. Es ist durchaus möglich, auch dann erst die Arbeit mit Rechtschreibstrategien einzuführen.

8.1 Der Beginn des Strategielernens im siebten Schuljahr

Als Grundlage für diese Arbeit braucht jede Schülerin und jeder Schüler die letzten 30 Rechtschreibfehler aus zuvor geschriebenen Aufsätzen oder anderen schriftlichen Arbeiten. Die Schüler/innen nehmen also ihr Klassenarbeitsheft, zählen rückwärts 30 Fehler ab und fotokopieren die Seiten, auf denen sich die Fehler befinden. Dann führt man die drei wesentlichen Ableitungsstrategien und die beiden Strategien zum Erkennen der Großschreibung direkt nacheinander ein. Dabei werden die Ableitungsstrategien sofort auf sämtliche Rechtschreibphänomene angewandt, außerdem wird für jede Strategie ein bestimmtes Symbol vereinbart (vgl. Tab. 7, S. 96).

Nach jeder eingeführten Strategie untersuchen die Schüler/innen, welche ihrer Fehler sie mit dieser Strategie hätten vermeiden können. Das entsprechende Symbol wird neben das falsch geschriebene Wort an den Rand gemalt. Dabei kann es sein, dass manche falschen Wörter mehrere Fehler erhalten, etwa wenn *Drehpunkt* klein und ohne *h* geschrieben wurde. Dann erhalten sie natürlich auch zwei Signierungen. Diese Fehleranalyse eignet sich auch gut für eine Partner- oder Gruppenarbeit in der Weise, dass zwar jede Schülerin und jeder Schüler nur die eigenen Fehler untersucht, aber bei allen Fehlern, wo er unsicher ist, den Partner oder die anderen um Rat fragt. Auf diese Weise werden die Schüler/innen mit weiteren Beispielen konfrontiert, an denen sie die Strategieanwendung üben können.

Am Ende bleiben einige Fehler übrig, die kein Symbol bekommen haben. Hier kann man das deutliche Sprechen in der Rechtschreibsprache als Grundstrategie einführen. Die Schüler/innen prüfen ihre restlichen Fehler daraufhin, ob sie durch deutliches Sprechen in der Rechtschreibsprache hätten vermieden werden können oder ob es sich um eine Merkschreibung handelt, und malen das entsprechende Zeichen an den Rand. Selbstverständlich sollte die Lehrkraft die Zuordnung der Strategien zu den Fehlschreibungen stichprobenartig überprüfen, denn insbesondere bei der Unterscheidung zwischen den Fehlern, die durch die Rechtschreibsprache hätten vermieden werden können, und den Merkschreibungen sind manche Schüler/innen unsicher. Viele glauben beispielsweise, ein *h* als Längenzeichen oder ein *v* könne man hören.

Wenn dieser »Schnelldurchgang« durch die Strategien abgeschlossen ist, zählen die Schüler/innen aus, welches Zeichen bei ihnen am häufigsten vorkommt. Daran entscheidet sich, an welcher Strategie sie zunächst üben sollten. Bei den Fehlern zur Groß- und Kleinschreibung ist es häufig der Fall, dass beide Prüfmethoden, also die Handkontrolle und die Begleitersuche, zum Ziel geführt hätten. Natürlich sollten dann auch beide Zeichen an den Rand gemalt werden. Bei der Auszählung am Schluss zeigt sich dann auch im Bereich der Großschreibung, mit welcher Prüfmethode mehr Fehler vermieden worden wären.

Nun bespricht man mit den Schüler/innen die Organisation des selbstständigen Strategieübens, wie es auf Seite 100 beschrieben ist, und stellt die entsprechenden Materialien und Übungszeit bereit. Auch hier ist es wichtig, am Ende einer solchen Übungsperiode die Rechtschreibung zu überprüfen. Wiederum müssen die Schüler/innen das Blatt zu jeder Strategie, die sie in der Zwischenzeit geübt haben, mit abgeben, damit die Lehrkraft nicht nur die gesamte Rechtschreibkompetenz, sondern auch den Lernerfolg benoten kann (vgl. S. 101).

8.2 Der Beginn des Strategielernens im neunten Schuljahr

Im neunten Schuljahr hat man nicht mehr genügend Zeit, die Strategien einzeln einzuführen. Aber nun sind die Schüler/innen auch schon zur Abstraktion fähig, sodass man ihnen das ganze System der Rechtschreibung im Überblick vorstellen kann. Man kann mit ihnen zunächst Experimente durchführen, bei denen sie sich selbst beobachten können:

- Man lässt die Schüler/innen sehr lange Wörter schreiben, die so eigentlich gar nicht existieren, z. B. *Donaudampfschifffahrtsgesellschaftskapitän* oder *konstantinopolitanischer Dudelsackpfeifenmachergeselle*, und macht ihnen anhand solcher Wörter bewusst, dass sie beim Schreiben innerlich oder sogar halblaut in Silben gegliedert mitsprechen.
- Dann lässt man die Schüler/innen das Pseudowort /fɛmtə/ schreiben, ohne dass sie mit diesem Wort irgendeine Vorstellung verbinden könnten, und sammelt die verschiedenen Alternativen. Daran erarbeitet man, dass es für viele Laute verschiedene Alternativen der Verschriftlichung gibt. Trotzdem hat niemand das Wort etwa mit einem *b* begonnen, denn die möglichen Schreibweisen richten sich nach dem Klang des Wortes. Insofern ist unsere Schrift eine Lautschrift.
- Nun schreibt man den Schüler/innen sieben Pseudowörter an die Tafel mit der Ankündigung, man wolle diese Wörter gleich als Diktat schreiben, deshalb sollten sie sich die Schreibweise einprägen. Aber sie sollen genau beobachten, was sie eigentlich tun, wenn sie sich die Wörter einprägen. Solche Wörter könnten zum Beispiel sein: *Scheuwiehrl*, *Kaarsteppsel*, *bezelen*, *er schlennte*, *Schnäuzler*, *getrellt*

und *Schlarotong*. Man liest den Schülern die Wörter vor, aber bei *Schlarotong* verschluckt man die Silbe *ro* fast völlig, sodass es wie /ʃla:tong/ klingt, mit einer winzigen r-Andeutung nach der ersten Silbe, so wie man ja auch das Wort *ordentlich* in der Umgangssprache meist als /orntlich/ spricht.

Im Gespräch darüber, wie sich die Schüler/innen die Wörter eingeprägt haben, kann man sehr viel deutlich machen:

- Viele werden finden, *er schlennte* und *getrellt* seien einfach zu merken gewesen, da hätten sie sich einfach vorgestellt, dass es von *schlennen* und *trellen* kommt. Andere sagen, sie hätten einfach an *er schlemmte* und *geprellt* gedacht. In beiden Fällen kann man deutlich machen, dass sie den Doppelkonsonanten nur deshalb schreiben, weil sie an die Grundform denken. Wenn sie behaupten, den Doppelkonsonanten zu hören, kann man sie das Wort /kantə/ aufschreiben lassen, ohne jeden Kontext vorzugeben. Wenn dann jemand wissen will, welches der beiden Worte man denn meine, kann man mit der Antwort »Wieso, ich denke das hört man?« zeigen, dass man eben keinen Unterschied hört, sondern, wenn das Verb gemeint ist, den Doppelkonsonanten nur durch Mitdenken der Grundform erkennt. Den Schüler/innen, die jetzt noch protestieren, kann man bewusst machen, dass es ein Zeichen ihrer Schreibkompetenz ist, wenn sie diese Gedankengänge gar nicht mehr bemerken, weil sie automatisch ablaufen.
- Bei dem Wort *Kaarsteppsel* berichten die Schüler/innen in der Regel, sie hätten sich das Doppel-a und das Doppel-p eingeprägt, bei *Scheuwiehrl* das *ieh*. Manche sagen auch, sie hätten sich einfach einen Merksatz eingeprägt (z.B. »mit *i-e-h*«), andere binden die Merkstellen an Bekanntes an (»*Kaar-* wie *Haar*«), wieder andere heben es von einer bekannten Schreibung ab (»*steppsel*, anders als *Stöpsel*, mit zwei *p*«).
- Auf die Frage »Wieso habt ihr euch bei *Kaarsteppsel* nicht das *K* eingeprägt, das hätte man doch auch als *Ch* schreiben können wie in *Chor* oder als *C* wie in *Clown*?« bekommt man regelmäßig zur Antwort: »Wieso, das ist doch das Normale!« Damit hat man ein wunderschönes Beispiel, an dem man den Schüler/innen aufzeigen kann, dass sie intuitiv wissen, was das »Normale« ist, und kann zur lautgetreuen Schreibung als Grundlage der Verschriftlichung unserer Sprache überleiten.
- Bei dem Wort *bezelen* werden manche Schüler/innen finden, da hätte man sich ja gar nichts merken müssen, während andere sagen, sie hätten sich eingeprägt, dass es ohne *h* geschrieben wird. Wenn man das Prinzip der lautgetreuen Schreibung schon vorher besprochen hat, kann man nun deutlich machen, dass nach langen Vokalen in den meisten Fällen kein *h* steht, dass man sich also die Schreibung mit *h* als Längenzeichen einprägen sollte. Bei Unsicherheit sollte man lieber kein *h* an den Vokal hängen, dann ist die Trefferquote nämlich höher.
- Bei dem Wort *Schlarotong* schließlich protestieren häufig schon einige Schüler/innen beim Vorlesen mit verschluckter Silbe. Im Gespräch kann man deutlich machen, dass wir in der Umgangssprache viele Wörter verkürzen. Wir sagen /ornt-

lich/, /habm/ oder sogar /ham/. Aber für die Verschriftlichung müssen wir die Wörter anders aussprechen als gewohnt, und das nennen wir Rechtschreibsprache.

Auf diese Weise hat man das Prinzip der lautgetreuen Schreibung verdeutlicht. Nun kann man die drei wesentlichen Ableitungsstrategien und die beiden Strategien zum Erkennen der Großschreibung direkt nacheinander einführen, zusammen mit den entsprechenden Symbolen, die dann auch als Fehlermarkierung dienen sollen. Dabei führt man die Ableitungsstrategien gleich für alle Rechtschreibphänomene gemeinsam ein. Anschließend fordert man die Schüler/innen auf, ihre letzten 30 angestrichenen Rechtschreibfehler zu markieren, und arbeitet weiter wie im siebten Schuljahr (vgl. S. 106). Allerdings ist es hier noch wichtiger, den Schüler/innen zuzugestehen, dass sie selbst entscheiden, ob sie Rechtschreibung oder etwas anderes üben wollen. Schließlich ist es durchaus möglich, dass manche Schüler/innen überhaupt keine 30 Fehler mehr finden oder dass andere der Meinung sind, dass ihre Rechtschreibung, selbst wenn sie so viele Fehler finden, für ihr Berufsziel vollkommen ausreicht.

9. Das Problem der Kinder mit Lese-Rechtschreib-Schwäche

Immer wieder erleben Eltern, dass ihre Kinder in der Schule unerwartet große Schwierigkeiten entwickeln. Häufig beginnen diese Schwierigkeiten damit, dass die Kinder beim Erlernen des Lesens und Schreibens versagen oder zumindest sehr viel langsamer vorankommen als ihre Altersgenossen. Manche Kinder können im mündlichen Unterricht gute oder zumindest völlig unauffällige Leistungen vorweisen, versagen aber, sobald es ans Lesen und Schreiben geht. Andere verlieren bald ganz das Interesse an der Schule und zeigen schließlich auch in den anderen Fächern keine überzeugenden Leistungen mehr, obwohl sie eigentlich außerhalb der Schule ziemlich pfiffig zu sein scheinen. Manche dieser Kinder fangen irgendwann an, gegen die Schule zu rebellieren, indem sie häufig krank sind, furchtbar langsam arbeiten oder oft ihre Hausaufgaben vergessen, sodass sie kaum noch schriftliche Arbeiten erledigen, oder indem sie den Klassenclown spielen, besonders frech sind oder aufsässig werden.

Eine Zeit lang war man der Ansicht, diese Kinder hätten eine Krankheit, die Legasthenie, und die Schulbehörden unternahmen große Anstrengungen, um solche Kinder zu fördern und ihnen den Erwerb eines ihrer Intelligenz angemessenen Schulerfolgs zu ermöglichen. Dann allerdings wurden bei immer mehr Kindern die Schwierigkeiten im Lesen und Rechtschreiben auf eine Legasthenie zurückgeführt, sodass das Konzept der Legasthenie schließlich wieder abgeschafft wurde; stattdessen sollten Lehrer/innen so unterrichten, dass alle Kinder das Lesen und Schreiben in der ihrer Begabung angemessenen Weise lernen. Obwohl sich viele Lehrer/innen wirklich große Mühe gaben, diesen Auftrag zu erfüllen, ließ sich damit aber nicht verhindern, dass manche Kinder extreme Schwierigkeiten beim Lesen und Schreiben entwickeln.

Gleichzeitig mit der Abschaffung des Konzepts der Legasthenie entstand eine umfangreiche Forschung im Bereich der Linguistik und der Didaktik im Anfangsunterricht des Lesens und Schreibens und des Rechtschreibens, ebenso wie in der Neurologie und der Diagnostik der Wahrnehmungsfunktionen und der Motorik. Daraus ergab sich eine neue Sichtweise des Problems:

- Es gibt Kinder mit besonders ungünstigen Voraussetzungen beim Erlernen des Lesens und Schreibens. Dies kann an neurologischen, sprachlichen oder psychischen Besonderheiten liegen, aber auch an minimalen motorischen Störungen.
- Diese Störungen an sich sind keine Legasthenie. Sie erschweren zwar das Erlernen des Lesens und Rechtschreibens, aber wenn diese Kinder Glück haben und den für sie passenden Unterricht erhalten, lernen sie das Lesen und Rechtschreiben zwar langsamer und mit etwas mehr Mühe, aber ihre Leistungen werden nicht so de-

solat, dass sie kaum noch Fortschritte zu machen scheinen. Wenn die Kinder aber Pech haben, erleben sie einen Unterricht, der ihre Schwierigkeiten noch verstärkt.

- Dabei sind die Schwierigkeiten der Kinder so unterschiedlich, dass kaum eine Lehrerin oder ein Lehrer es schafft, so zu unterrichten, dass alle Kinder mit den unterschiedlichsten Schwierigkeiten genau die richtigen Hilfen bekommen, um den Lernprozess erfolgreich zu bewältigen.
- Die Kinder, »die Pech haben«, entwickeln eine falsche Vorstellung davon, wie Lesen und Schreiben vor sich gehen:
  - Manche versuchen, alle Texte einfach auswendig zu lernen.
  - Andere glauben, dass sie sich die Wörter als ganzheitliche Wortbilder einprägen müssten, wobei besonders die ersten drei Buchstaben ein Hinweis sind, mit dessen Hilfe sie sich den Sinn des Wortes aus dem Kontext erschließen können, solange sie sich das Wort noch nicht fest genug eingeprägt haben.
  - Wieder andere Kinder betrachten das Lesen als eine Art Mundgymnastik: Sie erschließen sich zwar die Buchstaben und lesen sie synthetisch zusammen, aber ordnen den Wörtern nicht ihren Sinn und ihren umgangssprachlichen Klang zu, sodass das Lesen für sie völlig sinnlos wird.
  - Manche Kinder können zwar einigermaßen lesen, sind aber im Rechtschreiben völlig verwirrt oder können wegen motorischer Störungen ihr Rechtschreibwissen im Schreibprozess nicht aktualisieren.

Wenn die Kinder erst einmal eine solche Störung entwickelt haben, geraten sie oft in einen destruktiven Teufelskreis:

- Häufig fangen die besorgten Eltern an, intensiver mit den Kindern zu üben. Da die Eltern aber keine Fachleute sind, verfestigen sie damit meist nur die ungünstige Strategie.
- Die Kinder erfahren, dass sie trotz intensiven Übens keine wirklichen Fortschritte machen, und fangen an, sich auf offene oder subtile Weise gegen das Üben zu wehren.
- Da die anderen Kinder der Klasse aber Fortschritte machen, entwickeln die Kinder mit Lese-Rechtschreib-Schwierigkeiten auch Probleme mit ihrem Selbstwertgefühl, die schwer zu ertragen sind und häufig zu Verhaltensstörungen führen:
  - Manche Kinder werden aufsässig oder widerspenstig.
  - Andere entwickeln eine große Hilfsbedürftigkeit, trauen sich kaum noch etwas zu und schaffen es so, intensive Zuwendung von ihren Eltern und manchmal auch von Lehrer/innen zu erhalten.
  - Wieder andere üben gehorsam, weil sie dadurch ja das »liebe Kind« bleiben, erledigen aber alle Aufgaben oberflächlich, schnell und unaufmerksam, sodass der Eindruck eines hyperaktiven Kindes entsteht.
- Erst wenn dieses Stadium erreicht ist, ist aus den besonderen Schwierigkeiten des Kindes eine wirkliche Legasthenie geworden, die das Kind in vielen Bereichen behindert.

Die Diagnostik wird häufig Kinder- und Jugendpsychiatern übertragen. Doch das ist sehr unbefriedigend, denn diese haben zwar gelernt, psychische Schwierigkeiten oder Krankheiten zu diagnostizieren, aber nicht, die Strategie der Kinder beim Lesen und Schreiben genau zu beobachten. Sie sehen nur die Ergebnisse, und wenn diese stark von der Allgemeinbegabung abweichen, wird häufig eine Legasthenie diagnostiziert. Aber die beobachteten schlechten Ergebnisse können auch andere Gründe haben.

Da das Jugendamt bei drohender oder vorhandener seelischer Behinderung von Kindern eine notwendige Therapie bezahlen muss, haben manche Jugendämter eine eigene auf diese Fragen spezialisierte Fachstelle eingerichtet, in der Kinder- und Jugendpsychiater, Psychologen und oft auch gut ausgebildete Legasthenie-Therapeuten zusammenarbeiten, um die wirkliche Ursache der Schwierigkeiten herauszufinden. Dies ist eine bessere Lösung. Und inzwischen gibt es auch gute Legasthenie-Therapie, die sehr vielen Legasthenikern aus ihrer falschen Strategie und Entmutigung heraushilft. Allerdings muss diese unbedingt von wirklich gut ausgebildeten Therapeutinnen und Therapeuten durchgeführt werden, denn eine dilettantisch durchgeführte Therapie hilft nicht und verstärkt bei den Kindern und ihrer Umgebung die Überzeugung, unheilbar behindert zu sein.

Die Durchführung von außerschulischer Legasthenie-Therapie bringt allerdings noch ein anderes Problem mit sich: Die Lese- und Rechtschreibfähigkeit der Schüler/innen hängt durchaus auch mit der Qualität des Anfangsunterrichts im Lesen und Schreiben zusammen. Diagnostiziert man nun bei intelligenten Kindern mit besonders schlechten Rechtschreibleistungen eine Lese-Rechtschreib-Schwäche oder gar »Legasthenie«, so empfinden Lehrer/innen deren Förderung nicht mehr als ihre Aufgabe, denn diese Kinder brauchen ja eine spezielle Therapie, die sie als »Normallehrer« nicht leisten können. Damit müssen Lehrer/innen die lernschwächeren Schüler im Rechtschreibunterricht nicht mehr berücksichtigen, geschweige denn Rückschlüsse auf die Qualität ihres Unterrichts ziehen. Die Rechtschreibdidaktik und die Anforderungen des Unterrichts werden an den stärkeren Schüler/innen ausgerichtet, während die schwächeren Lerner dem Stress des Versagens ausgeliefert sind, zum Teil noch mit der düsteren Prognose, dass sie ihre »Legasthenie« als Schicksal akzeptieren müssten.

Doch auch schulischer Förderunterricht bringt nicht die erhoffte Lösung, denn die Förderkurse werden häufig von Lehrkräften gehalten, die keine Ausbildung in Legasthenie-Therapie haben. Außerdem fallen die Förderkurse besonders häufig aus, weil die Lehrkräfte stattdessen Unterricht für erkrankte Kolleg/innen übernehmen müssen. Unter diesen Voraussetzungen ist schulischer Förderunterricht bei einer schon eingetretenen Legasthenie völlig wirkungslos und stiehlt den Kindern nur ihre Zeit. Zu lösen wäre das Problem durch folgende Maßnahmen:

- Da die Kinder mit sehr unterschiedlichen Voraussetzungen in die Schule kommen und die Weichen für die Entwicklung einer Legasthenie in den ersten zwei Schuljahren gestellt werden, muss die Förderung der Kinder mit Beginn des ersten Schuljahres in Kleinstgruppen und eventuell sogar als Einzelförderung bereitgestellt werden – aber nicht von Lehrer/innen durchgeführt, sondern von sorgfältig ausgebildeten Legasthenie-Therapeutinnen und -Therapeuten, die gelernt haben zu erkennen, was die Kinder falsch machen und welche Defizite dem zugrunde liegen.

- Diese Therapeutinnen und Therapeuten haben nicht nur die Aufgabe, die Kinder zu fördern, sondern auch die Lehrkräfte dabei zu beraten, wie sie in der ohnehin geforderten inneren Differenzierung des Unterrichts auch diese Kinder effektiv fördern können.
- Die Kosten dafür müssen den Schulen selbst in Rechnung gestellt werden, damit diese großes Interesse daran haben, auch ihren allgemeinen Unterricht so zu gestalten, dass möglichst wenig Kinder in falsche Strategien hineingeraten.
- Damit die Schulen sich nicht durch »Schönreden« der Lese- und Rechtschreibleistungen um die Entsendung von Kindern in solche Förderkurse drücken können, müssen klare Zuweisungskriterien zu diesen Fördermaßnahmen festgelegt werden wie beispielsweise:
  - Nach drei Schulmonaten sind Kinder aufzunehmen, die normale zwei- bis viersilbige Wörter des Grundwortschatzes noch nicht sicher in Silben gliedern können oder die eine Silbe, die aus einem schon gelernten Konsonanten und Vokal besteht, nicht nach dem Klang in Buchstaben zerlegen können.
  - Nach dem ersten Schulhalbjahr sind Kinder aufzunehmen, die ein Pseudowort, das nach dem Schema Konsonant–Vokal–Konsonant–Vokal aus bereits bekannten Buchstaben konstruiert ist, nicht lesen können.
  - Nach dem ersten Schuljahr könnte die Mindestanforderung sein, dass die Kinder ganze Sätze ungeübt so aufschreiben können, dass sie vom Klang her decodierbar sind.
  - In höheren Schuljahren muss den Kindern außerschulische Legasthenie-Therapie ermöglicht werden, deren Kosten aber ebenfalls durch die Schulen zu tragen wären. Allerdings sollte das nur noch bei sehr wenigen Kindern nötig sein, wenn die Maßnahmen in den ersten zwei Schuljahren sorgfältig durchgeführt wurden.

Das sind Ideen, die natürlich bei Bedarf genauer ausgearbeitet werden müssten.

Übungsmöglichkeiten zum Einprägen von Wortschreibungen

Im zweiten Schuljahr müssen die Kinder zunächst auch lautgetreue Wörter üben. Sie festigen damit die Laut-Buchstaben-Zuordnung und erwerben Erfahrung in der Übersetzung von der Umgangssprache in die Rechtschreibsprache. Um das zu ermöglichen, müssen ebenfalls schon im zweiten Schuljahr die vom Lautgetreuen abweichenden Schreibungen in den Übewörtern mit kognitiven Zusätzen belegt werden. In dem Maße, in dem den Schüler/innen die lautgetreue Schreibung und die Rechtschreibsprache selbstverständlicher werden, bleiben im lautgetreuen Bereich nur noch die Wörter zu üben, bei denen die Rechtschreibsprache deutlich von der Umgangssprache abweicht. *Lineal* etwa oder *hintereinander* sind solche Wörter, bei denen sich die Rechtschreibsprache durch Übung einprägen muss. Stattdessen darf der Anteil von ableitbaren Schreibungen oder Merkstellen bei den Übungswörtern höher werden.

Wenn die Schüler/innen dann übergeordnete Rechtschreibstrategien selbstständig anwenden können, müssen auch nicht mehr alle Wörter mit ableitbaren Schreibungen geübt werden. Wenn sie etwa im vierten Schuljahr die Vorsilben *ver-* und *vor-* sicher erkennen können, werden sie Wörter wie *verlaufen* nicht mehr extra üben müssen. In höheren Schuljahren müssen dann fast nur noch Wörter mit nicht ableitbaren Rechtschreibbesonderheiten extra geübt werden. Da die Wortstämme mit solchen Rechtschreibbesonderheiten nicht sehr häufig sind, wird die Bausteinanalyse immer wichtiger.

Deshalb sind in den unteren Schuljahren die Übungen zum Einprägen der Rechtschreibsprache und der Buchstabenfolge am wichtigsten, in den mittleren Schuljahren die Übungen mit kognitiven Zusätzen, in den höheren Schuljahren schließlich die Übungen, bei denen sich die Schüler/innen die Wörter mithilfe der Bausteinanalyse und der Ableitung von bekannten Wörtern mit Merkstellen einprägen. Weil sich diese Bereiche aber überlappen und auch je nach Schüler/in zu unterschiedlichen Zeiten aktuell sind, erscheint es nicht sinnvoll, die folgenden Übungen auf Schuljahre aufzuteilen. Die vorgestellten Übungen erheben auch keinen Anspruch auf Vollständigkeit.

Ü1 Übungen, die häufiges Schreiben des Wortes fördern

Bei diesen Übungen ist es wichtig, dass die Schüler/innen das Wort jedes Mal auswendig schreiben, die schon geschriebenen Wörter also abdecken.

Farbproben

Die Schüler/innen nehmen zwei verschiedenfarbige Filzstifte. Sie schreiben das Übungswort mehrmals abwechselnd in diesen beiden Farben untereinander und rahmen den entstandenen Kasten mit einer der beiden Farben ein. Am nächsten Übungswort wird eine neue Farbkombination ausprobiert.

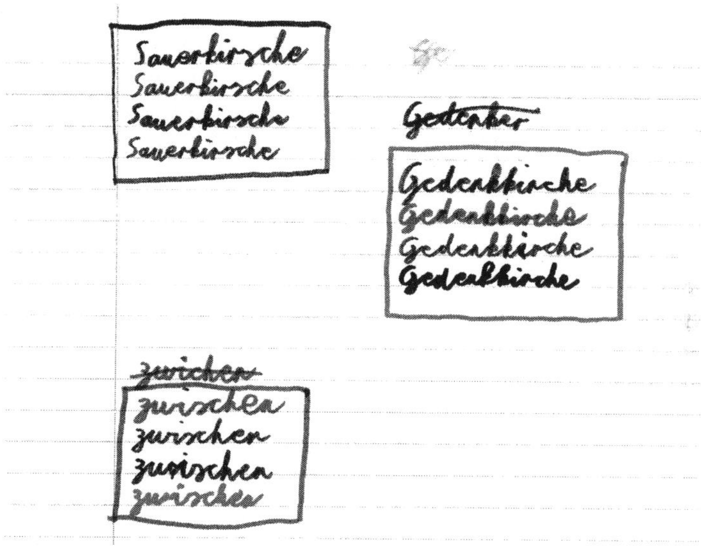

Abb. 9: Farbproben

Schriftproben

Die Schüler/innen probieren mit den Übungswörtern unterschiedliche Schriftformen aus: mal groß, mal klein, mal steil, mal schräg, weit auseinandergezogen oder hoch und eng …

Abb. 10: Schriftproben

Schnellschreiben

Die Schüler/innen nehmen einen Küchenwecker oder eine Sanduhr und probieren aus, wie oft sie ein Übungswort in einer Minute fehlerfrei schreiben können.

Wörterschlange

Die Schüler/innen nehmen ein Blatt ohne Linien. Sie schreiben die Übungswörter nacheinander auf, sodass sie sich in einer großen Schlange über das Papier winden. Wie häufig können sie die Reihe ihrer Übungswörter wiederholen, bis die Schlange das ganze Blatt ausfüllt?

Abb. 11: Wörterschlange

Wörterbild

Die Schüler/innen können mit den Übungswörtern ganze Bilder formen: Das eine Übungswort bildet die Strahlen der Sonne, das nächste Wände und Dach eines Hauses, das dritte Übungswort den Boden …

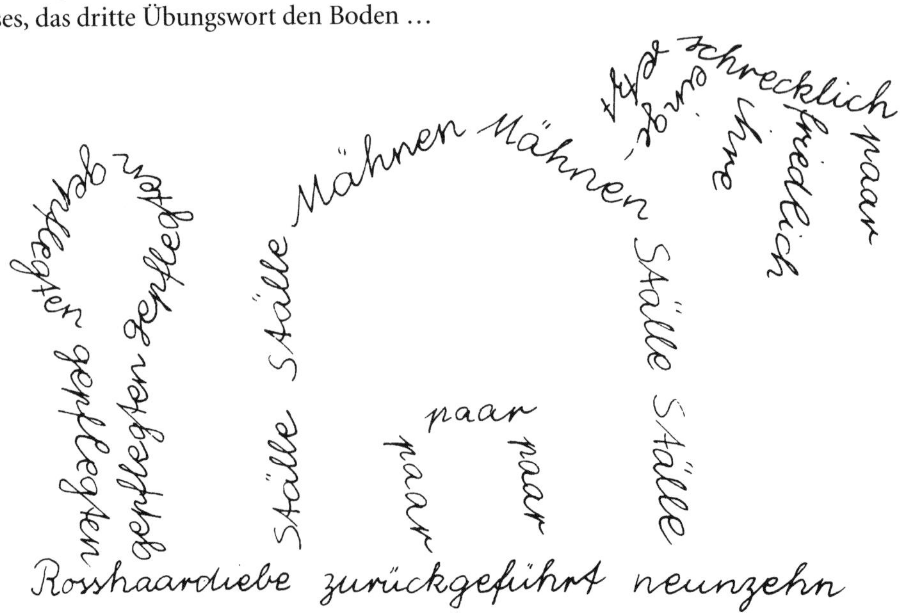

Abb. 12: Wörterbild

Blatt ausfüllen
Die Schüler/innen schreiben das schwierigste Übungswort ganz groß auf ein Blatt ohne Linien. Drum herum werden die Lücken mit anderen Übungswörtern ausgefüllt, die ebenfalls so groß wie möglich geschrieben werden. Zwischen diesen Wörtern sind wieder Lücken entstanden, die beispielsweise durch kleiner geschriebene Wörter ausgefüllt werden können, bis das ganze Blatt gefüllt ist.

Spinnennetz füllen
Die Schüler/innen malen ein großes Spinnennetz auf ein Blatt. Nun füllen sie die zwischen den Fäden entstandenen Zwischenräume mit Übungswörtern, die sie zur Mitte hin immer kleiner schreiben müssen, damit sie in die Zwischenräume passen.

Ü2 Partnerspiele zum häufigen Schreiben (besonders geeignet für unruhige Schüler/innen, die ungern schreiben)

Wörter hüpfen
Ein quadratischer »Hinkekasten« aus 3 × 3 Feldern wird im Gruppenraum mit Kreppband auf dem Fußboden markiert. Ein Kind sucht die Buchstaben eines seiner Übungswörter aus einem großen Buchstabenkasten. Der Partner verteilt die Buchstabenkarten auf die Felder des Hinkekastens. Nun muss das erste Kind das Wort erhüpfen, indem es das Wort spricht und in die zum gerade gesprochenen Laut gehörenden Buchstabenkästen springt. Der Partner kontrolliert, ob richtig gesprungen wurde. Dann Rollenwechsel.

Geheimschrift
Die Schüler/innen haben einen Abc-Streifen, ergänzt durch die Umlaute und ß. Oben stehen die großen Buchstaben, unten die kleinen:

A	B	C	D	E	F	G	H	I	J	K	L	M	N	O	P	Q	R	S	T	U	V	W	X	Y
a	b	c	d	e	f	g	h	i	j	k	l	m	n	o	p	q	r	s	t	u	v	w	x	y
				2 7	4 5	1							6						8					

Z	Ä	Ö	Ü																					
z	ä	ö	ü	ß																				
	3																							

Abb. 13: Abc-Streifen

- Ein Kind schreibt mit Bleistift Zahlen über bzw. unter die Buchstaben, sodass eines seiner Übungswörter entsteht. Der Partner versucht, das Übungswort zu entziffern, und kontrolliert anhand der Wörterliste, ob das Wort richtig geschrieben wurde. Die Zahlen werden wieder ausradiert, sodass der Abc-Streifen für ein neues Wort verwendet werden kann.
- Der Partner sagt dem Kind eines seiner Übungswörter. Das Kind nennt zunächst eventuell notwendige kognitive Zusätze, die der Partner bestätigen oder korrigieren muss. Dann zeigt das Kind die Buchstabenfolge des Wortes am Abc-Streifen. Der Partner korrigiert.
- Das Abc ist mit den Ziffern von 1 bis 30 durchnummeriert. Das Kind schreibt eines seiner Übungswörter in »Geheimschrift«, indem es statt der Buchstaben Zahlen schreibt. Der Partner muss das Wort entziffern.
- Dieselbe Übung lässt sich auch umgekehrt durchführen: Der Partner schreibt dem Kind eines der Übungswörter in Geheimschrift, das Kind muss es entziffern.
- Jeder schreibt dem Partner alle seine Übungswörter in Geheimschrift auf. Dann tauschen sie die Blätter. Auf »Los« versuchen beide so schnell wie möglich, die richtigen Wörter neben die Zahlenfolgen zu schreiben.

Wörterordnen
nach dem Abc, nach der Anzahl der Silben, nach der Anzahl der Buchstaben, nach der Zahl der Wortbausteine, danach, welche Wörter man am schwierigsten findet, usw.

Kreuzworträtsel
Die Kinder malen sich auf Rechenpapier Kreuzworträtsel für ihre Lernwörter, die sie dann am nächsten Tag ausfüllen.

Ü3 Übungen, die das Durchstrukturieren der Wörter fördern

- Die Schüler/innen schreiben die Übungswörter und nehmen dabei für jede Silbe des Wortes eine andere Farbe.
- Die Schüler/innen malen zunächst die Silben des Wortes als Bögen auf und füllen diese dann einzeln aus:

- Die Schüler/innen schreiben die Wörter auf Papierstreifen und zerschneiden sie dann in ihre Silben. Sie heben diese Zettelchen auf und setzen sie am nächsten Tag wieder zu Wörtern zusammen.

Ü4 Übungen, die das Behalten der kognitiven Zusätze fördern

Merkstellen markieren
Die Schüler/innen schreiben das Wort und malen die Stelle, die einen kognitiven Zusatz braucht, farbig. Sie wiederholen den kognitiven Zusatz mündlich und kontrollieren auf ihrer Wörterliste (Karteikarte), ob sie den kognitiven Zusatz richtig formuliert haben.

Abfragen
Der Partner liest dem Kind eines seiner Übungswörter vor. Das Kind spricht das Wort in der Rechtschreibsprache und nennt die Rechtschreibbesonderheiten samt kognitiven Zusätzen.

Auf Seite 59 wurde vorgeschlagen, für die kognitiven Zusätze Symbole einzuführen, die mit den später zu verwendenden Korrekturzeichen bei der Fehlerkategorisierung zusammenhängen. Diese Symbole für die kognitiven Zusätze können die Schüler/innen auf kleine Kärtchen schreiben und für vielfältige Übungen gebrauchen.

Symbole zuordnen
Das Kind schreibt seine Lernwörter untereinander auf die linke Blattseite. Neben jedes Wort malt es nun die Symbole für die Rechtschreibbesonderheiten. Am nächsten Tag deckt es die linke Spalte ab, sodass nur noch die Symbole zu sehen sind. Nun versucht es, sich anhand der Symbole an das entsprechende Wort zu erinnern und es rechts neben die Symbole zu schreiben. Anschließend wird verglichen.

Symbole legen
Der Partner nennt eines der Lernwörter des Kindes. Das Kind spricht das Wort in der Rechtschreibsprache, nennt die Rechtschreibbesonderheiten und die kognitiven Zusätze und legt die entsprechenden Symbolkärtchen auf den Tisch.

Bewegungslernen
Das Kind liest jedes Wort und malt die Symbole für die Rechtschreibbesonderheiten groß mit dem Finger in die Luft. Anschließend versucht es, die Wörter auswendig aufzusagen und die Symbole in die Luft zu malen.

Bingo
Die Kinder malen 3 × 3 oder 4 × 4 Felder auf ein Blatt. Sie schreiben ihre Übungswörter (9 bzw. 16) auf kleine Zettel in der Größe der Felder. Die kognitiven Zusätze zu jedem Übungswort tragen sie in die Felder ein. Nun werden die Zettel gemischt und verdeckt hingelegt. Abwechselnd zieht jedes Kind ein Kärtchen und legt es auf das Feld mit dem dazu passenden kognitiven Zusatz bzw. den passenden kognitiven Zusätzen. Das Kind, das zuerst eine Reihe gefüllt hat (waagerecht, senkrecht oder diagonal), ruft »Bingo« und hat gewonnen.

Ü5 Übungen, die die Morphemanalyse nutzen

- Das Kind sucht und schreibt andere Wortformen mit dem zu übenden Wortstamm oder Morphem, z. B. zu dem Wort *zurückgeführt: zurückführen, du führst zurück, er führt zurück, wir führen dich zurück.*
- Das Kind sucht und schreibt zusammengesetzte Wörter, die diesen Wortstamm oder das zu übende Morphem enthalten. Beispiel: Zu dem in *zurückgeführt* enthaltenen Morphem *führ* sucht das Kind die Wörter *Abführmittel, Aufführung, Unterführung, Führerschein, Verführung …*
- Das Kind versucht, ob es ein zusammengesetztes Wort bilden kann, das möglichst viele Morpheme aus seinen Übungswörtern enthält. Es können auch Wortneuschöpfungen entstehen. In dem Wort *Rosshaarmähnenvorführer* sind z. B. Morpheme aus den Übungswörtern *Rosshaar, Mähne* und *führen* enthalten.
- Die Schüler/innen schreiben die Wörter auf Papierstreifen und zerschneiden sie in ihre Morpheme (Wortbausteine). Sie probieren, ob sie aus den so erhaltenen Bausteinen neue Wörter bilden können.
- Die Schüler/innen schreiben ihrem Partner ein Arbeitsblatt. Vorsilben ist die Farbe Gelb zugeordnet, Hauptmorphemen Rot und Endmorphemen Blau. Jedes Kind schreibt seine Übungswörter auf der linken Seite des Blattes untereinander. Auf die rechte Seite malt es in anderer Reihenfolge für jedes seiner Übungswörter das Bausteinschema, indem es die Bausteine als farbige Rechtecke in der Farbe ihrer Funktion darstellt. Der Partner muss dann versuchen, jedes Wort dem richtigen Bausteinschema zuzuordnen (vgl. Abb. 6 auf S. 93).
- Wenn man diese Arbeitsblätter anschließend in gleich große Zettel so zerschneidet, dass auf jedem Zettel entweder ein Wort oder ein Bausteinschema steht, können die Schüler/innen damit auch Memory spielen.

Erläuterung der hier verwendeten Fachbegriffe

Beweislesen
Ein schriftlich vorgegebenes Wort wird deutlich in Silben (Sprecheinheiten) gegliedert und langsam gesprochen. Zu jedem Laut, der gerade gesprochen wird, wird der entsprechende Buchstabe angetippt (am besten mit einem Zahnstocher oder Ähnlichem).

Graphem
Sämtliche Formen, in denen ein Buchstabe dargestellt werden kann. Zum Beispiel gehören die Zeichen T, t, *t*, *T*, T und t alle zum selben Graphem. Wenn bewusst sämtliche zu einem Graphem gehörenden Schriftzeichen gemeint sind, wird ein Buchstabe in eckige Klammern gesetzt, z. B. [a]. Wenn in diesem Buch einzelne Buchstaben kursiv gesetzt sind, sind damit alle zu diesem Graphem gehörenden Buchstaben gemeint.

Graphemische Alternative
Die meisten alphabetisch codierbaren Sprechlaute können durch unterschiedliche Grapheme symbolisiert werden, der Laut /f/ beispielsweise durch *f*, *ff*, *v*, oder *ph*. Das sind die verschiedenen graphemischen Alternativen für diesen Laut.

Kognitiver Zusatz
Von der lautgetreuen Schreibung abweichende Schreibungen brauchen besondere Aufmerksamkeit. Sie werden deswegen beim Einprägen von Wörtern mit einem kognitiven Zusatz belegt, einem Merksatz, der auf die vom Lautgetreuen abweichende Schreibung hinweist.

Lautgetreue Schreibung
Lautgetreue Schreibung liegt vor, wenn ein alphabetisch codierbarer Sprechlaut durch die häufigste graphemische Alternative symbolisiert wird.

Mitsprechwörter
Unter Mitsprechwörtern werden Wörter verstanden, bei denen jeder alphabetisch codierbare Sprechlaut durch die häufigste graphemische Alternative symbolisiert wird. Grundlage für diese Codierung ist die Rechtschreibsprache.

Morphem
Morpheme sind die kleinsten bedeutungstragenden Einheiten unserer Sprache. Die meisten Wörter sind aus mehreren Morphemen zusammengesetzt, das Wort *verlaufen* etwa aus der Vorsilbe *ver-*, dem Wortstamm *-lauf-* und der Verb-Endung *-en*. Hier wird alternativ auch der Ausdruck »Wortbaustein« gebraucht, weil er für die Schüler/innen griffiger ist.

Phonem
Unter Phonem wird die kleinste bedeutungsunterscheidende Einheit eines Wortes verstanden. Linguisten ermitteln die unterschiedlichen Phoneme einer Sprache durch Minimalpaar-Vergleich: Wenn zwei Wörter sich nur durch einen einzigen Laut unterscheiden, wie etwa *Garten* und *Karten*, handelt es sich bei diesen Lauten um unterschiedliche Phoneme.

Phonologische Bewusstheit
Die Kinder erlernen die Sprache zunächst nicht in Einzellauten, sondern schon beim Lallen produzieren sie in der Regel Silben, die sie – angeregt durch das, was sie von der Umgebung hören – selbst produzieren lernen und als Bewegungsengramme speichern. Dass man diese Silben auch in Einzellaute aufgliedern kann, ist vielen Kindern bei Schuleintritt noch nicht bewusst. Das bewusste Erkennen von Einzellauten und das Aufgliedern von Silben in die einzelnen alphabetisch codierbaren Laute werden erst in der Auseinandersetzung mit der Schrift erlernt. Bei vielen Kindern beginnt dieser Prozess schon deutlich vor Schulbeginn, wird aber während des Lesen- und Schreibenlernens noch deutlich ausdifferenziert. Eine wichtige Rolle bei der Entwicklung phonologischer Bewusstheit spielt die Wahrnehmung der eigenen Artikulation, da die Phoneme durch Artikulationsstellen und -modalitäten sehr viel deutlicher voneinander abgegrenzt sind als durch die Schallwellen. In einem Sonogramm, in dem die Schallwellen aufgezeichnet werden, sind die Silben deutlich voneinander abgegrenzt, aber nicht die einzelnen Laute.

Rechtschreibsprache
Die besondere Aussprache eines Wortes, die der Verschriftlichung zugrunde liegt. Diese Aussprache entspricht nicht unbedingt dem Hochdeutschen, denn auch im gesprochenen Hochdeutsch werden Wörter verkürzt: *Haben* wird zu /ha:bm/ oder /ham/, *ordentlich* zu /orntlich/. Deshalb wird hier klar zwischen Hochdeutsch und Rechtschreibsprache unterschieden. Für die Rechtschreibsprache werden die Wörter deutlich in Silben gegliedert. Da aber diese Silben nicht den schriftlichen Regeln zur Trennung von *ck* folgen, sondern *ck* zwischen zwei Vokalen deutlich als Doppel-k hörbar machen, wird häufig von »Sprecheinheiten« statt von Silben gesprochen.

Rhythmisch-synchrones Sprechschreiben
Der kompetente Schreiber spricht beim Schreiben innerlich mit und gliedert komplexere Wörter dabei deutlich in Silben. Diese Strategie, die Wörter gleichzeitig zu

schreiben und zu sprechen und dabei die Silbenpausen einzuhalten, um auf diese Weise das Wort zu strukturieren, wird als rhythmisch-synchrones Sprechschreiben bezeichnet.

Silbenschwingen

Da die Silbengliederung eine sehr wichtige Strukturierungshilfe zur Verschriftlichung eines Wortes ist, muss zunächst das Gliedern der Wörter in Silben geübt werden. Dies soll nicht kognitiv geschehen, sondern durch ganzkörperliche Bewegung beim Sprechen des Wortes. Dazu kann man die Silben während des Sprechens des Wortes als Bögen mit der Hand in die Luft malen und gleichzeitig einen Schritt zur Seite gehen. Das wird als Silbenschwingen bezeichnet.

Literaturverzeichnis

Andresen, H. (1979): Die Bedeutung auditiver Wahrnehmungen und latenter Artikulation für das Anfangsstadium des Schrifterwerbs. Ein linguistischer Beitrag zur Diskussion über die Beziehungen zwischen lautsprachlicher und schriftsprachlicher Tätigkeit. In: Osnabrücker Beiträge zur Sprachtheorie, H. 13, S. 28–56.

Andresen, H. (1983): Was Menschen hören können, was sie lernen können, zu »hören«, und was sie glauben, zu hören. In: Osnabrücker Beiträge zur Sprachtheorie, Beiheft 7, S. 210–236.

Andresen, H. (1984): Psycholinguistische Aspekte des Rechtschreiblernens und didaktische Vorschläge. In: Naegele, I./Valtin, R. (Hrsg.): Rechtschreibunterricht in den Klassen 1–6. Frankfurt am Main, S. 23–27.

Andresen, H./Giese, H.W. (Hrsg.) (1983): Osnabrücker Beiträge zur Sprachtheorie, Beiheft 7, Nov. 1983.

Augst, G. (1983): Rechtschreibgrundwortschatz – ja oder nein? Überlegungen aus der Sicht der Linguistik. In: Deutsche Sprache 11, H. 4, S. 41–356.

Augst, G. (Hrsg.) (1985): Graphematik und Orthographie. Neuere Forschungen der Linguistik, Psychologie und Didaktik in der Bundesrepublik Deutschland. Frankfurt am Main.

Augst, G./Dehn, M. (2009): Rechtschreibung und Rechtschreibunterricht. Seelze.

Balhorn, H. (1983): Rechtschreiblernen als Regelbildung. In: Diskussion Deutsch, H. 74, S. 581–595.

Balhorn, H. (1985): Fehleranalysen. Ein versuch, ausschnitte des regelbildungsprozesses, in dem lerner sich das orthografische system re-konstruieren, zu rekonstruieren. In: Augst, G. (Hrsg.): Graphematik und Orthographie. Neuere Forschungen der Linguistik, Psychologie und Didaktik in der Bundesrepublik Deutschland. Frankfurt am Main, S. 206–243.

Bergk, M./Meiers, K. (Hrsg.) (1984): Schulanfang ohne Fibeltrott. Bad Heilbrunn.

Betz, D./Breuninger, H. (1998): Teufelskreis Lernstörungen. Theoretische Grundlegung und Standardprogramm. 5. Aufl. Weinheim/Basel.

Bierwisch, M. (1972): Schriftstruktur und Phonologie. In: Probleme und Ergebnisse der Psychologie, H. 43, S. 21–44.

Blakemore, S.-J./Frith, U./Beister, H. (2006): Wie wir lernen. Was die Hirnforschung darüber weiß. München.

Breuninger, H./Betz, D. et al. (1982): Jedes Kind kann schreiben lernen. Weinheim/Basel.

Brügelmann, H. (1984): Die Schrift entdecken. Beobachtungshilfen und methodische Ideen für einen offenen Anfangsunterricht im Schreiben und Lesen. Konstanz.

Brügelmann, H. (Hrsg.) (1986): ABC und Schriftsprache. Rätsel für Kinder, Lehrer und Forscher. Konstanz.

Buschmann, H. (1986): Vortrag auf dem Legastheniekongress 1986 in Hannover, unveröffentlicht.

Dehn, M. (1984): Wie Kinder Schriftsprache erlernen. Ergebnisse aus einer Längsschnittuntersuchung. In: Naegele, I./Valtin, R. (Hrsg.): Rechtschreibunterricht in den Klassen 1–6. Frankfurt am Main, S. 28–36.

Dehn, M. (1985): Über die Aneignung des phonematischen Prinzips der Orthographie beim Schrifterwerb. Manuskript, vorgestellt bei der Tagung Graphematik und Orthographie 1985 in Siegen.

Dodd, B. (1980): The Spelling Ability of Profoundly Pre-lingually Deaf Children. In: Frith, U. (Hrsg.): Cognitive Processes in Spelling. London et al., S. 423–439.

Duden (2009): Die deutsche Rechtschreibung. 25. Aufl. Mannheim/Leipzig/Wien/Zürich.

Dürscheid, C. (2006): Einführung in die Schriftlinguistik. Göttingen.

Ehri, L. C. (1980): The Development of Orthographic Images. In: Frith, U. (Hrsg.): Cognitive Processes in Spelling. London et al., S. 311–338.

Eichler, W. (1976): Zur linguistischen Fehleranalyse von Spontanschreibungen bei Vor- und Grundschulkindern. In: Hofer, A. (Hrsg.): Lesenlernen. Theorie und Unterricht. Düsseldorf, S. 246–264.

Eichler, W. (1984): Zu linguistischen und psycholinguistischen Grundlagen des Rechtschreibens und des Schrifterwerbs. In: Naegele, I./Valtin, R. (Hrsg.): Rechtschreibunterricht in den Klassen 1–6. Frankfurt am Main, S. 18–22.

Eichler, W. (1985): Rechtschreiblernen in und mit Regeln und als regelgeleitetes Verhalten. Unveröffentl. Manuskript, vorgelegt auf der Tagung Graphematik und Orthographie 1985 in Siegen.

Eichler, W./Hofer, A. (Hrsg.) (1974): Spracherwerb und linguistische Theorien. München.

Eichler, W./Jungke, M. (1999): Rechtschreiben, neue Rechtschreibung, Bd. 1 und 2. Braunschweig.

Eisenberg, P. (1983): Orthographie und Schriftsystem. In: Günther, K.B./Günther, H. (Hrsg.): Schrift, Schreiben, Schriftlichkeit. Arbeiten zur Struktur, Funktion und Entwicklung schriftlicher Sprache. Tübingen, S. 41–68.

Eisenhut, H.-D. (1981): Leistungsvermögen und Leistungsdefizite lese-rechtschreibschwacher Schüler. Weinheim/Basel.

Ellis, A.W. (1984): Reading, Writing and Dyslexia. A Cognitive Analysis. London.

Frith, U. (Hrsg.) (1980a): Cognitive Processes in Spelling. London et al.

Frith, U. (1980b): Unexpected Spelling Problems. In: Frith, U. (Hrsg.): Cognitive Processes in Spelling. London et al., S. 495–515.

Frith, U. (1981): Experimental Approaches to Developmental Dyslexia. An Introduction. In: Psychological Research, H. 43, S. 97–109.

Frith, U. (1983): Orthographie als Gegenstand psychologischer Forschung. In: Günther, K.-B./Günther, H. (Hrsg.): Schrift, Schreiben, Schriftlichkeit. Arbeiten zur Struktur, Funktion und Entwicklung schriftlicher Sprache. Tübingen, S. 119–131.

Frith, U. (1984): Beneath the Surface of Developmental Dyslexia. Paper, vorgelegt auf einem Expertenkolloquium im Oktober 1984.

Galperin, J.R. (1972): Die geistige Handlung als Grundlage für die Bildung von Gedanken und Vorstellungen. In: Galperin, P.J./Leontjew, A.N., et al.: Probleme der Lerntheorie, 3. Aufl. Berlin, S. 33–49.

Galperin, P.J./Leontjew, A.N., et al. (1972): Probleme der Lerntheorie, 3. Aufl. Berlin.

Goodman, K.S. (1976): Die psycholinguistische Natur des Leseprozesses. In: Hofer, A. (Hrsg.): Lesenlernen. Theorie und Unterricht. Düsseldorf, S. 139–151.

Günther, H. (1981a): Das Prinzip der Alphabetschrift begreifen lernen. Einige Thesen zu einem fragwürdigen Konzept. In: Forschungsberichte des Instituts für Phonetik und sprachliche Kommunikation. München, S. 53–68.

Günther, H. (1981b): Den Esel gemeint, aber den Sack geschlagen. Zu E. Scheerers Kritik an den Thesen zur Alphabetschrift. In: Forschungsberichte des Instituts für Phonetik und sprachliche Kommunikation. München, S. 103–116.

Günther, H. (1983): Charakteristika von schriftlicher Sprache und Kommunikation. In: Günther, K.B./Günther, H. (Hrsg.): Schrift, Schreiben, Schriftlichkeit. Arbeiten zur Struktur, Funktion und Entwicklung schriftlicher Sprache. Tübingen, S. 17–39.

Günther, H. (1984): Thesenpapier zur Rolle der Graphem-Phonem-Korrespondenzen bei der Aussprache visuell dargebotener Wörter. Vorgelegt beim Expertenkolloquium über Orthographie in Siegen.

Günther, H. (1985): Was the Alphabet Discovered or Invented? On the Alleged Common Process in Speech and Writing. Unveröffentlichtes Manuskript, vorgelegt auf der Tagung Graphematik und Orthographie in Siegen.

Günther, K.B. (1979): Prädikationskonzept, syntagmatische Organisation und Erwerb der Schriftsprache. In: Osnabrücker Beiträge zur Sprachtheorie, H. 13, S. 124–142.

Günther, K.B. (1983): Innere Sprache und inneres Sprechen – Schreiben und Rechtschreiben. In: Osnabrücker Beiträge zur Sprachtheorie, Beiheft 7, S. 237–255.

Günther, K.B. (1985): Schriftspracherwerb als mehrphasiger, strategiedifferenzierter Entwicklungsprozeß und seine Bedeutung für die pädagogische Vermittlungsarbeit. Unveröffentlichtes Manuskript, vorgelegt bei der Tagung Graphematik und Orthographie 1985.

Günther, K.B./Günther, H. (Hrsg.) (1983): Schrift, Schreiben, Schriftlichkeit. Arbeiten zur Struktur, Funktion und Entwicklung schriftlicher Sprache. Tübingen.

Heller, K. (1995): Rechtschreibung 2000. Stuttgart.

Hofer, A. (Hrsg.) (1976): Lesenlernen. Theorie und Unterricht. Düsseldorf.

Jung, U.O.H. (1981): Linguistische Aspekte der Legasthenieforschung. In: Valtin, R./Jung, U./Scheerer-Neumann, G. (Hrsg.): Legasthenie in Wissenschaft und Unterricht. Darmstadt, S. 1–87.

Klicpera, C./Gasteiger-Klicpera, B. (1998): Psychologie der Lese- und Schreibschwierigkeiten. Entwicklung, Ursachen, Förderung. Weinheim/Basel.

Kossow, H.-J. (1975): Zur Therapie der Lese-Rechtschreibschwäche. 3. Aufl. Berlin.

Leontjew, A.N. (1972): Das Lernen als Problem der Psychologie. In: Galperin, P. J./Leontjew, A.N., et al.: Probleme der Lerntheorie. 3. Aufl. Berlin, S. 11–32.

Leontjew, A.N. (1973): Probleme der Entwicklung des Psychischen. Frankfurt am Main.

Mayr, O. (2009): Neue Aufgabenformen im Rechtschreibunterricht, 7.–10. Klasse. Augsburg.

Michel, H.-J. (2009): FRESCH. Freiburger Rechtschreibschule. Grundlagen, Diagnosemöglichkeiten, praktische Übungen zum Thema LRS, Klasse 1–13. Buxtehude.

Müller, R./Schipper, K.P. (1981): Zwischen Lese-Rechtschreibschwäche und Legasthenie. Eine Erklärung aus linguistischer Sicht. Frankfurt am Main/Bern.

Münsteraner Rechtschreibanalyse *siehe* Schönweiss, F.

Naumann, C. L. (1987): Die Rolle der gesprochenen Sprache für das System der Rechtschreibung und für ihren Erwerb. Aachen: Habilitationsschrift.

Naegele, I./Valtin, R. (Hrsg.) (1984): Rechtschreibunterricht in den Klassen 1–6. Frankfurt a.M.

Oeveste, H. zur (1976): Der Zusammenhang zwischen der Übergangswahrscheinlichkeit von Phonem-Graphem-Entsprechungen und Rechtschreibfehlern. Köln.

Pilz, D. (1979): Die Morphemmethode – ein psycholinguistischer Ansatz in der Legasthenietherapie. In: Pilz, D./Schubenz, S. (Hrsg.): Schulversagen und Kindertherapie. Die Überwindung sozialer Ausgrenzung. Köln, S. 256–270.

Pilz, D./Schubenz, S. (Hrsg.) (1979): Schulversagen und Kindertherapie. Die Überwindung sozialer Ausgrenzung. Köln.

Plickat, H.-H./Wieczerkowski, W. (1979): Lernerfolg und Trainingsformen im Rechtschreibunterricht. Bad Heilbrunn.

Pollert, J. (2008): Fehleranalyse im Rechtschreibunterricht. Ein Diagnoseinstrument für den Erwerbsstand? München.

Püschel, U. (1996): Duden. Wie schreibt man jetzt? Ein Übungsbuch zur neuen deutschen Rechtschreibung. Mannheim et al.

Rathenow, P./Vöge, J. (1982): Erkennen und Fördern von Schülern mit Lese-Rechtschreibschwierigkeiten. Braunschweig.

Scheerer-Neumann, G. (1983): Kognitionspsychologische Überlegungen zum Rechtschreiben nach Diktat. In: Osnabrücker Beiträge zur Sprachtheorie, Beiheft 7/1983, S. 256–287.

Scheerer-Neumann, G. (1985): Freiheit und Systematik im Spracherfahrungsansatz. In: Bergk, M./Meiers, K. (Hrsg.) (1984): Schulanfang ohne Fibeltrott. Bad Heilbrunn, S. 179–188.

Schlee, J. (1976): Legasthenieforschung am Ende? München.
Schneider, W. (1980): Bedingungsanalysen des Rechtschreibens. Bern/Stuttgart/Wien.
Schönweiss, F., et al. (2006): Münsteraner Rechtschreibanalyse. Universität Münster.
Schubenz, S. (1979): Eine Morphemanalyse der deutschen Sprache und ihre lernpsychologische Bedeutung für die Vermittlung von Schriftsprachkompetenz. In: Pilz, D./Schubenz, S. (Hrsg.): Schulversagen und Kindertherapie. Die Überwindung sozialer Ausgrenzung. Köln, S. 239–255.
Sennlaub, G. (1977): Vielkanal-Rechtschreiben. In: Spitta, G.: Legasthenie gibt es nicht ... Was nun? Kronberg, S. 143–161.
Sennlaub, G. (1980): Spaß beim Schreiben oder Aufsatzerziehung? Stuttgart.
Siemens, H. (1984): Die Morphemmethode – ein Überblick. In: Bergk, M./Meiers, K. (Hrsg.): Schulanfang ohne Fibeltrott. Bad Heilbrunn, S. 166–178.
Simon, W. (1981): Befund Legasthenie. Neue Ergebnisse für die Praxis. Düsseldorf.
Sirch, K. (1975): Der Unfug mit der Legasthenie. Stuttgart.
Steiner, I. (1983): Interessegeleitetes Lernen. München.
Tillmann, H. G./Mansell, P. (1980): Phonetik. Lautsprachliche Zeichen, Sprachsignale und lautsprachlicher Komunikationsprozeß. Stuttgart.
Valtin, R./Jung, U./Scheerer-Neumann, G. (Hrsg.) (1981): Legasthenie in Wissenschaft und Unterricht. Darmstadt.
Wedel-Wolff, A. von (2003): Üben im Rechtschreibunterricht. Systematische Vorschläge für die Klassen 2–4. Braunschweig.
Weigl, E. (1974): Zur Schriftsprache und ihrem Erwerb. In: Eichler, W./Hofer, A. (Hrsg.): Spracherwerb und linguistische Theorien. München, S. 94–173.
Weigl, E. (1976): Schriftsprache als besondere Form des Sprachverhaltens. In: Hofer, A. (Hrsg.): Lesenlernen. Theorie und Unterricht. Düsseldorf, S. 82–98.